冯天瑜 著

中华文明五千年

北京大学出版社
PEKING UNIVERSITY PRESS

图书在版编目(CIP)数据

中华文明五千年/冯天瑜著. —北京:北京大学出版社,2022.1
ISBN 978-7-301-32739-5

Ⅰ.①中⋯ Ⅱ.①冯⋯ Ⅲ.①文化史—中国—通俗读物 Ⅳ.①K203-49

中国版本图书馆 CIP 数据核字(2021)第 243500 号

书　　名	中华文明五千年 ZHONGHUA WENMING WUQIANNIAN
著作责任者	冯天瑜　著
策划组稿	王炜烨
责任编辑	王炜烨　魏冬峰
标准书号	ISBN 978-7-301-32739-5
出版发行	北京大学出版社
地　　址	北京市海淀区成府路 205 号　100871
网　　址	http://www.pup.cn　新浪微博:@北京大学出版社
电子邮箱	zpup@pup.cn
新浪微博	@北京大学出版社
电　　话	邮购部 010-62752015　发行部 010-62750672 编辑部 010-62750673
印 刷 者	北京九天鸿程印刷有限责任公司
经 销 者	新华书店 880 毫米×1230 毫米　32 开本　14.5 印张　317 千字 2022 年 1 月第 1 版　2025 年 4 月第 10 次印刷
定　　价	89.00 元

未经许可,不得以任何方式复制或抄袭本书之部分或全部内容。
版权所有,侵权必究
举报电话: 010-62752024　电子邮箱: fd@pup.pku.edu.cn
图书如有印装质量问题,请与出版部联系,电话: 010-62756370

馮文瑀

目　录

001　　导言
033　　第一章　创榛辟莽
　　　　　　　——从人猿揖别到夏禹传子
065　　第二章　文明初兴
　　　　　　　——夏、商、西周
091　　第三章　多元私学
　　　　　　　——春秋、战国
141　　第四章　一统整合
　　　　　　　——秦、汉
181　　第五章　乱世裂变
　　　　　　　——三国、两晋、南北朝
211　　第六章　盛代强音
　　　　　　　——隋、唐
261　　第七章　精致内敛
　　　　　　　——五代、两宋

319	第八章	朔方冲击
		——辽、西夏、金、元
353	第九章	垂暮新变
		——明至清中叶
399	第十章	转型时代
		——清末至五四运动

导言

在距今六七千年至三四千年间,人类栖息的地球发生了伟大的事变——西亚的两河流域,北非的尼罗河流域,南亚的印度河流域、恒河流域,东亚的黄河流域、长江流域,先后涌现出一批独立创制文字和金属工具的人群,人类终于走出长达百万年的蒙昧时代和长达万年的野蛮时代,跨入文明的门槛,赢得历史进程的加速度。

在此后数千年间,诸文明民族创造的文明,生灭消长,此伏彼起。曾经辉煌一时的古埃及文明、巴比伦文明于两千年前趋于黯淡;印度河流域的哈拉巴文明被来自中亚的亚利安人扫灭;创建过太阳金字塔的玛雅文明,也衰败于中美洲丛林;光焰万丈的希腊文明,则被罗马所取代;罗马文明又因日耳曼蛮族入侵,而毁灭殆尽……唯有东亚大陆崛起的那一支文明,也即本书所要讲述的中华文明,却于坎坷跌宕中延绵生发,始终未曾中绝,成为世界史上"连续性文明"的典范,与那些时有中断的"突破性文明"(如苏美尔文明通过巴比伦、希腊、罗马跳跃式地演化为现代西方文明)迥然有别。

中华文明作为一个"东方之谜",引起世人注目;而中国人自己当然应该责无旁贷地去探求这个生于斯、长于斯的文明的奥秘。

>>> 中华先民很早就产生对于"文明"的精辟认识。成文于战国时期的《易传》说:"观乎天文,以察时变;观乎人文,以化成天下。"

第一节
"文明"界说

文明是人类脱离蒙昧、野蛮状态的社会行为及其结果的集合。中华先民很早就对"文明"做出界定,在《周易·乾·文言》中有这样的记载:

> 见龙在田,天下文明。

这里的"龙",指牛(牛龙);牛在田间耕作,意味着农业生产在进行,天下亦随之进入文明时代。这是把农业的产生视作文明的开端,此时大约正处在距今五千年的黄帝时代。传说中的黄帝被称为"人文初祖",中华文明便有五千年的历史。

本书取长期通用的这一标准,故称"中华文明五千年"。

中华先民很早就产生对于"文明"的精辟认识。成文于战国时期的《易传》说:

> 观乎天文,以察时变;观乎人文,以化成天下。

这里的"文"字,从纹理之意演绎而来,"天文"指天道自然规律,

"人文"指人伦秩序。以"人文""化成天下",使天然世界变成人文世界,便是中国先哲赋予"文明"的内涵,它已相当逼近现代学术界所揭示的"文明"的本质意蕴——"人类化"和"自然的人化"。

文明是人的价值观念在社会实践中对象化的过程与结果。人类实现"自然的人化",包括外在文明产品的创制和内在主体心智的塑造,因此,文明分为技术体系和价值体系两大部类。

技术体系表现为文明的器用层面,它是人类物质生产方式和产品的总和,是整个文明大厦的物质基石。

价值体系表现为文明的观念层面,即人类在社会实践和意识活动中氤氲化育出来的价值取向、审美情趣、思维方式,凝聚为文明的精神内核。

介乎上述二者之间的,是文明的制度层面,即人类在社会实践中建构的各种社会规范、典章制度。

还有文明的行为层面,即人类在交往中约定俗成的习惯定势,以礼俗、民俗、风俗形态出现的行为模式。

本书所要探究的"文明",涉及器用、制度、行为、观念诸层面,其重点则在观念层面。它记录着人类累代的文化创造和文化传播的内容,是不停流逝的广义文明的摹本。

第二节

"中国"与"中华"

文明既是一种人类现象,它使人与禽兽区别开来;文明同时又是一种民族现象,不同地域、不同国度人们创制的文明千差万别。我们将要论及的"中华文明",约指中华民族在"中国"这片土地上繁衍生发的自成一格的文明。

"中国"是一个历史范畴,随着时代的演进,其内涵不断拓展。

在先秦,"中国"或指京师,与"四方"对称①;或指黄河中下游这一文明地段,与落后的"四夷"对称②。

隋唐以降,"中国"指定都中原的王朝;元代自称其统治区域为"中国",称邻国(如日本、高丽、安南等)为"外夷"③,明清沿袭此说。

总之,"中国"这一概念在古代虽不断演进,但其主旨却始终守住一个"中"字——中国者,天下之中也。这既是一种地理学的中心意识,更是一种文化学的中心意识。这种文明中心意识,还表现在"中华"一词上。"华"指文化繁盛,"中华"意谓居于中心的富有文化的民族。时至近代,中国人的中心意识渐次淡化,而余韵流风仍然不时回荡。

中国版图在历史上多有伸缩。1759年(清乾隆二十四年)大体确立中国领土范围：北起萨彦岭，南至南海诸岛，西起帕米尔高原，东至库页岛，约一千二百六十万平方千米。19世纪中叶以降，西东列强攫取中国大片领土，由于中国人民英勇抵抗，使领土避免更大损失，今日中国陆地面积九百六十万平方千米，仅次于俄罗斯、加拿大而居世界第三。

历史上曾经在中国范围内居住活动的民族，除月氏(音"肉支")族的主体在公元前2世纪迁往中亚以外，其他各族都没有完全离开过中国。由华夏族演化而成的汉族在中国多次建立政权，此外，匈奴、鲜卑、羯、氐、羌、契丹、女真、蒙古、满洲都曾建立过统治中原地区的政权，其中蒙古和满洲还统治过整个中国。但无论是汉族还是非汉族建立的政权，都包容其他民族，都是多民族国家。

今日生活在中国境内的汉族及五十五个少数民族，共同组成中华民族。

中华民族是中华文明的创造主体。

第三节

中华文明的生态状况

中国人古来之所以长期自认处于世界中心,与中国传统文化得以孕育的生态状况颇有干系。

文化生态由自然场与社会场交织而成。"自然场"指人的生存与发展所附丽的自然环境(又称地理环境),"社会场"指人在生存与发展过程中结成的相互关系,分为经济层与社会层。此外,文化的民族性和国度性决定了它要受到特定的国际条件制约。因此,考察中华文明的生成机制,应从地理环境、经济土壤、社会结构、国际条件四方面加以整合。

一 地理环境

对中国地理大势首次做出概括的,是成文于周秦之际的《禹贡》(汉代人将其收入《尚书》)。该文提出华夏族的"四至"观:

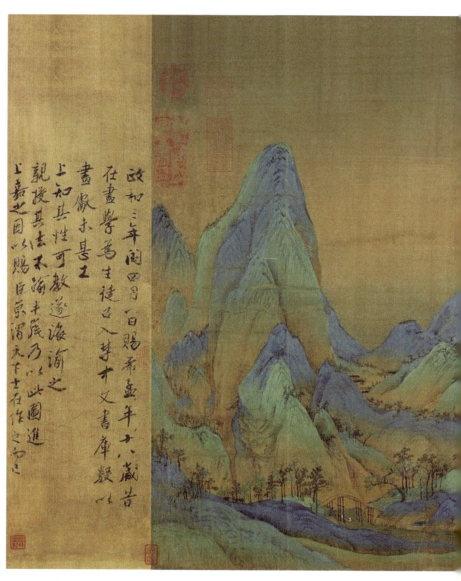

>>> 对中国地理大势首次做出概括的,是成文于周秦之际的《禹贡》,该文提出华夏族的"四至"观:"东渐于海,西被于流沙,朔南暨声教,讫于四海。"图为宋代王希孟《千里江山图》(局部)。

> 东渐于海,西被于流沙,朔南暨声教,讫于四海。

这一洗练的描述当然需要补充:中国东边面临的大海,是古人难以逾越的太平洋,并非地中海、波斯湾那样的内海;其陆地外缘,不仅有西北横亘的漫漫戈壁,还有西南耸立的世界屋脊——青藏高原和纵贯边陲的横断山脉。大海、沙漠、高山共同围护着板块状的东亚大陆,使之与外部世界相对隔离,而其内部,又有腹里纵深、回旋天地开阔、地形气候条件繁复的特点,从而为文明的多样发展、文明中心的迁徙转移提供条件。

东亚大陆的地理格局,是中华文明独立发生,并在以后漫长岁月中能够保持一以贯之的统系的原因之一。

二 经济土壤

地理环境影响文明发展,是通过人类的物质生产实践这一中介得以实现的。

人与自然呈双向交流关系。一方面,人的活动依凭自然,受制于自然,另一方面,人又不断征服自然、改造自然。人与自然这种双向同构关系统一于人类的社会实践,首先是生产实践,亦即经济活动。经济活动所创造的器用文明,既是广义文明的组成部分,同时又为制度文明、行为文明、观念文明的生长发育奠定基础。

延绵久远的中华文明大体植根于农耕与游牧这样两种经济生活的土壤之中。以四百毫米等降水量线为界,中国约略分为温润的东南和干寒的西北两大区域。自然条件的差异,使前者被人们开辟为农耕区,养育出一种以定居农业做基石的、礼制法规齐备、声明文物昌盛的农耕文明;后者则成为游牧区,繁衍着无城郭、礼仪,游牧为生,全民善骑战的游牧文明。农耕文明与游牧文明之间的冲突与融会,是世界远古代、中古历史的一大主题,中国人自先秦直至明清反复论及的"华(农耕人)狄(游牧人)之辨"正是这一主题的展开;而东起海滨,西及大漠的万里长城,则是农耕文明与游牧文明的边际线,多少历史壮剧在这里演出。

古代中国的农耕经济,还有中原定居农耕方式与南方山地游耕方式两种类型。中国南方亚热带山地民族(如苗、彝、黎、高山等族),直到近古甚至近代,仍然刀耕火种,迁徙无定,但移动范围大体在南方山地之内,与中原农耕民族不存在争夺生存空间的尖锐矛盾,故这两种经济方式间不像游牧与农耕那样彼此争战不息。历代中原王朝对南方少数民族设官治理,推行羁縻柔远政策,偶尔伴之以武力镇压。

在近代商品经济得到充分发育以前,中国生产方式的主体是农业自然经济,其间又分为两大段落:一为殷商、西周的土地国有(王有)及村社所有、集体劳作阶段。殷墟甲骨文有"王大令众人曰协田"的卜辞。"协"字像三耒并耕,是殷代庶众在王田共耕的写照。《诗·周颂》则多次出现"千耦其耘""十千维耦"的字句,说明西周普遍实行在"公田"上集体耕作的方式。二为东周至明清的土地私有、个体劳作阶段。自春秋、战国开始,土地国有(王有)、私有并存,而私有渐居主导,土地逐步可以自由买卖,单家独户经营、男耕女织的小农业自然经济构成主体,"牛郎织女"的故事便是其典型化摹写。自秦汉以降的两千年间,中国社会广阔而坚实的基础,正是小农业与家庭手工业相结合的

>>> 自然条件的差异,使干寒的西北成为游牧区,繁衍着无城郭、礼仪,游牧为生,全民善骑战的游牧文明。图为敦煌莫高窟描绘狩猎场景的壁画。

自然经济,与此相辅相成的地主—自耕农土地占有制,以及地方小市场在城乡的普遍存在,地主、商人、高利贷者三位一体,构成中国前资本主义经济从生产、流通到分配的完整结构。

如果说,在土地王有、集体生产的农村公社—领主经济的土壤中养育出殷商、西周神权至上的官学文化;那么,在土地地主—自耕农所有、个体生产的小农经济土壤中,则培植了晚周虚置神权、以人文为研习重点的私学文化;两汉以后又定型为以儒学为正宗、兼纳百家、融会佛道的帝国文化。这种格局,一直延续到清中叶,随着西方资本主义文化的大规模东渐,中国的自然经济逐步解体,日益纳入世界统一市场,以商品经济为动力源的新的经济结构开始形成,从而为中华文明的发展提供一种更新的土壤。

三　社会结构

文明是一种人类现象,而人类只有组成一定的社会结构,方能创造并发展文明。

人类社会组织的演变趋势,大约是由血缘政治向地缘政治进化。希腊便是实现这种转变的典型。然而,中国的社会结构虽发生过诸多变迁,但由血缘纽带维系着的宗法制度及其遗存却长期保留,这与中国人的主体从事聚族而居的农耕生活有关,使得中国跨入文明门槛以后,氏族社会血缘纽带解体很不充分。

宗法制源于氏族社会父家长制公社成员间的亲族血缘联系。作

>>> 地主—自耕农土地占有制,以及地方小市场在城乡的普遍存在,地主、商人、高利贷者三位一体,构成中国前资本主义经济从生产、流通到分配的完整结构。图为近现代陈锦篯《耕织图》。

为一种庞大、复杂却又井然有序的血缘—政治社会构造体系,宗法制孕育于商代,定型于西周。宗法制规定,社会的最高统治者"天子"是天帝的长子,奉天承运,治理天下土地臣民。从政治关系而论,天子是天下共主;从宗法关系而论,天子是天下大宗。君王之位,由嫡长子继承,世代保持大宗地位。其余王子(嫡系非长子和庶子)则封诸侯,他们对天子为小宗,但在各自封国内又为大宗,其位由嫡长子继承,余子封卿大夫。卿大夫以下,大、小宗关系依上例。嫡长子继承制、分封制、严格的宗庙祭祀制度,共同构成宗法制的基本内容。

春秋战国的兼并战争使宗法秩序呈瓦解之势;秦汉以降,分封制被郡县制取代,除帝王继统仍由皇族血缘确定外,行政官员的选拔、任用,实行荐举、考试制(隋唐以后定型为科举制),即以"贤贤"取代"亲亲"。但是,宗法制的影响仍然延及后世——

其一,政治权力和经济产权的继承,普遍遵循父系单系世袭原则,完全排斥女性成员的地位,以确保权力和财富不致流入异姓他族。

其二,由血缘纽带维系着的宗法组织——家族长盛不衰,成为超越朝代更迭的不绝如缕的社会细胞。这种家族香火的延绵,又往往仰赖祠堂、家谱、族田"三要素"的顽强存在。

其三,族权与政权结合,族权在宣扬纲常名教、执行礼法、维护宗法专制秩序方面,与国家政权目标一致;国家政权也以家族精神统驭臣民,正所谓"家国同构""君父一体"。诚如近代梁启超所说:

> 吾中国社会之组织,以家族为单位,不以个人为单位,所谓家齐而后国治是也。周代宗法之制,在今日其形式虽废,其精神犹存也。④

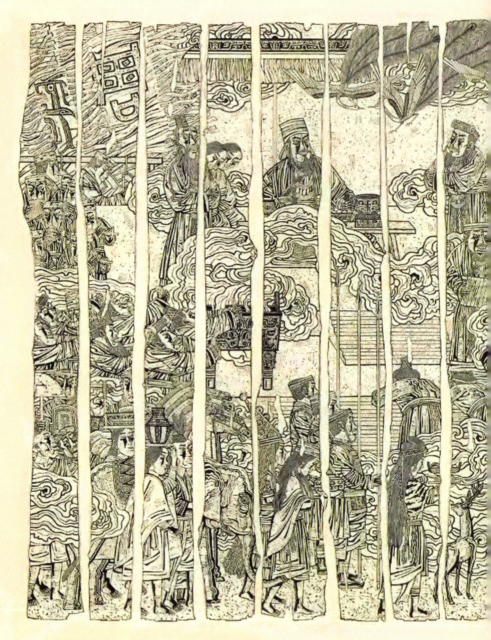

>>> 中国社会组织的特色,与宗法制延绵不绝紧密相连的,是专制政体的长期持续。早在国家初成的商周时代,君主专制便现端倪。图为当代康宁、付继红、臧亮《周天子分封诸侯图》。

近人严复也认为,直至近世,中国人"犹然一宗法之民而已矣"⑤。这都是透视古今的灼见。

中国社会组织的特色,与宗法制延绵不绝紧密相连的,是专制政体的长期持续。

早在国家初成的商周时代,君主专制便现端倪。如果说,春秋以前,天子的专制权力以分封制为基础,世袭诸侯赐土而且临民,享有较大分治权;那么,战国以后,郡县制逐步确立,君主的专制权力通过直接指挥非世袭的朝廷官吏实现,从而向统一的专制主义集权制过渡。公元前221年,秦王嬴政"振长策而御宇内",正式建立中央集权的君主专制政体,此制一直沿袭至1911年辛亥革命推翻清王朝。与欧洲在中世纪后期方形成君主专制相比,中国的君主专制形成早、持续久,而且两千年间虽有起伏跌宕,其总趋势是愈益强化,并形成对社会生活各层面的严密控制,包括用户籍、里甲制度牢笼人身,用政治控摄文化、权力干预学术,从而使"邪辟之说灭息,然后统纪可一,而法度可明"⑥。

宗法—专制社会结构与农业自然经济相辅相成,造成一种以"内圣—外王"为目标的伦理—政治型文明范式,延绵久远,直至近代方有解体之势,然其深层结构继续承传不辍。

四 国际条件

跨入文明门槛以后,直到西方资本主义大规模涌入以前,建都中原农耕区的王朝,其文明水平一般都高于周边四夷,因而华夏族及后来的汉族称四夷为"陋"⑦。处于文明"高势位"的中原人长期认为,只有华夏文化施影响于夷狄,而少有逆向影响,所谓"吾闻用夏变夷者,未闻变于夷者也"⑧。在中国历史上,也多次发生过中原王朝被武功强悍的周边游牧人击败的事例,但中国文化的先进性并未出现危机,文明发达的中原人一再使野蛮的征服者被征服——凡是进入农耕文明圈的游牧人,经过一代或数代,无不"汉化",便是雄辩的例证。

由于中华文明在古代明显领先于周边地区,所以中国虽然广为吸收周边文化成果,但主要是中华文明施影响于周边。汉字、儒学、礼法、农业及手工业技艺,都是中国输往周边的文明品种,以至日本、朝鲜、越南等被纳入"汉字文化圈""儒学文化圈"。秦汉以迄明清诸王朝无论是与中亚、西亚交往,还是与东邻日本以及南洋诸国交往,都有一种"天朝上国"俯视夷狄的意味。汉代"凿空"西域的张骞、班超,明代七下西洋的郑和无不胸藏"宣威异域"的恢宏气魄,究其底蕴,盖在国力强劲,文明昌盛。

古代中国的邻邦,其文明水平较高者是印度。但由于青藏高原和横断山脉的阻隔,中印之间经济往来、人员交流不多,但南亚的佛教文化经由印、中僧人的努力,得以北传,对两汉以降的中华文明发生深刻影响。不过,佛教文化在影响中国的同时,又被中国人所吸纳消化,魏晋隋唐以降,佛教日渐中国化,华严宗、天台宗、禅宗等中国佛教宗派将佛学与易学、思孟学交融互摄,成为中国人,尤其是中国士人欢迎的形态;两宋以降的一批儒者,在坚持中国固有的纲常名教的前提下,广为吸收佛学思辨成果,创建新儒学——宋明理学。中国化的佛教与吸收佛学成果的新儒学,构成中古及近古中华文明的两大精神支柱。

综观古代中国,虽然面对过足以改朝换代的异域军事力量的袭来,也曾迎受过佛学那样高水平的观念文化的传入,但中华文明的主体地位并未真正发生过动摇。然而,时至近代,情形发生重大变化——被近世工业文明武装起来的西方殖民者跨海而至,荒渺遥远的"泰西"一变而为近在咫尺的威胁。西洋人用大炮、鸦片和商品,打破中国自古形成的与外部世界之间的障壁,欲将中国纳入西方文明的总流。李鸿章在19世纪中叶痛陈中国亘古未遇的严峻形势:

> 历代备边,多在西北,其强弱之势,客主之形,皆适相埒,且犹有中外界限。今则东南海疆万余里,各国通商传教,来往自如,麇集京师及各省腹地,阳托和好之名,阴怀吞噬之计,一国生事,诸国构煽,实为数千年未有之变局。轮船电报之速,瞬息千里,军器机事之精,工力百倍,炮弹所到,无坚不摧,水路关隘,不足限制,又为数千年来未有之强敌。⑨

这就揭示了近代中国面临的外部环境的新特点:第一,昔时中国的威胁主要来自西北游牧民族,现在则转移为从东南沿海登陆的西洋人;第二,昔时中华文明的水平高于外域,而现在与中国打交道的列强挟工业文明威势,从器用、制度、观念诸层面使东方农业文明相形见绌。一向以"礼仪之邦"自诩的中国人大为震惊,发现自己原来不是一线单传的天之骄子,中华文明也并非最为优胜。

中国在近代面对"数千年未有之变局",面对"数千年来未有之强敌",这是一种截然不同于古代的国际环境,中华文明也因此而获得一个全新的参照系,先进的中国人开始思考:东西文明的差异何在?造成这些差异的原因何在?中华民族怎样才能使自己的文明焕发活力从而迎头赶上?中华文明以此为契机,揭开崭新的一页。

第四节
中华文明的特质

中华文明在一个半封闭的北温带板块状大陆得以滋生发展,其物质生产方式的主体是农业自然经济,社会组织以宗法制度和专制政体为基本形态,而周边则为后进民族所环绕。这样一种特定的生态环境,使中华文明形成富有特色的性格。

其一,人文传统。

有别于其他重自然(如希腊)或超自然(如印度、希伯来)的文明类型,中华文明自成一种"敬鬼神而远之"的重人生、讲入世的人文传统,人被推崇到很高的地位,所谓"人为万物之灵""人与天地参",将人与天地等量齐观,这使中国避免陷入欧洲中世纪那样的宗教迷狂,而发展出一种平实的经验理性。在中国繁衍的各种宗教也熏染上厚重的人文色彩。当然,这种"重人",并非单纯尊重个人价值和个人的自由发展,而是将个体融入类群,强调人对宗族和国家的义务,构成一种宗法集体主义的人学,与文艺复兴开始在西方勃兴的以个性解放为旗帜的人文主义分属不同范畴。

>>> 中华文明自成一种"敬鬼神而远之"的重人生、讲入世的人文传统,人被推崇到很高的地位,所谓"人为万物之灵""人与天地参",将人与天地等量齐观。

其二,伦理中心。

由氏族社会遗留下来,又在文明时代得到发展的宗法传统,使中国一向高度重视伦常规范和道德教化,从而形成以"求善"为旨趣的"伦理型文化",同希腊以"求真"为目标的"科学型文化"各成一格。科学型文化对宇宙论、认识论与道德论分别做纵向研究,本体论和认识论得到充分发展;而伦理型的中华文明,不讲或少讲脱离伦常的智慧,齐家、治国、平天下皆以"修身为本",伦理成为出发点和归结点。这样中国文学突出强调"教化"功能,史学以"寓褒贬,别善恶"为宗旨,教育以德育统驭智育,人生追求则以"贱利贵义"为价值取向。

其三,尊君重民。

长期运作于中国的农业自然经济,是一种少有商品交换、彼此孤立的经济。这种土壤中生长起来的极度分散的社会,需要高高在上的集权政治加以统合,去抗御外敌和自然灾害,而人格化的统合力量来自专制君主。因此,"国不堪贰"的尊君传统是农业宗法社会的必然产物。另一方面,农业宗法社会的正常运转,又要仰赖以农民为主体的民众的安居乐业,如此方能为朝廷提供赋役,保障社会所需的基本生活资料,社稷家国方得以保全,否则便有覆灭崩溃之虞。因此,"民为邦本"的民本传统也是农业宗法社会的必然产物。"尊君"和"民本"相反而又相成,共同组成中华文明的一体两翼。

其四,中庸协和。

崇尚中庸,是安居一处,以稳定平和为旨趣的农业自然经济和宗法社会培育的人群心态。"极高明而道中庸""执其两端而用其中于民",显示出中国式智慧的特征。这种"中庸之道"施之于政治,是裁抑豪强,均平田产、权利,从而扩大农业—宗法社会的基础;施之于文化,

>>> 唯有中华文明,历尽沧桑,饱受磨难,于起伏跌宕中传承不辍,在数千年发展中,各代均有斐然成就。以文学论,《诗经》、楚辞、先秦散文、汉赋、魏晋诗文、唐诗、宋词、元曲、明清小说,奇峰迭现。图为宋代马和之所作的《诗经》插图。

则是在多种文化相会时,异中求同,万流共包;施之于风俗,便是不偏颇、不怨尤、内外兼顾;奉行中庸的理想人格,则是执两用中、温良谦和的君子风。尚调和、主平衡的"中庸之道"是一种顺从自然节律的精神,它肯定变易,又认同"圜道",这显然是农耕民族从农业生产由播种、生长到收获这一周而复始现象中得到的启示。"五行"相生相克学说描述的封闭式循环序列,便是这种思维方式的概括。

其五,延绵韧性。

中华文明是从农业—宗法社会的土壤生长出来的伦理型文化。农业—宗法社会提供一种坚韧的传统力量,伦理型范式造成顽强的习惯定势,而先秦已经形成的"自强不息"和"厚德载物"⑪精神,使中华文明的认同力和适应力双强。"认同"使中华文明具有内聚力,保持自身传统;"适应"使中华文明顺应时势变迁,不断调节发展轨迹,并吸纳异域英华,如此,中华文明方具备无与伦比的延续性。世界其他文明古国的文化,都出现过大幅度"断层",甚至盛极而亡,令人在凭吊间油然而生"白云千载,人去楼空"的感慨。唯有中华文明,历尽沧桑,饱受磨难,于起伏跌宕中传承不辍,在数千年发展中,各代均有斐然成就。以文学论,《诗经》、楚辞、先秦散文、汉赋、魏晋诗文、唐诗、宋词、元曲、明清小说,奇峰迭现;以学术论,先秦子学、两汉经学、魏晋玄学、隋唐佛学、宋明理学、清代朴学,此伏彼起,蔚为大观。这种在一国范围内诸门类的发展序列保有如此完整连续的阶段性形态,是世界文明史上的特例。

19世纪中叶以降,随着世界统一市场扩及东亚,中国延续数千年的农业自然经济和宗法专制政体趋于瓦解,社会进入近代转型阶段,文明的器用层面、制度层面、行为层面、观念层面变革的任务渐次提出。然而,近世中国尽管呈现"千古之奇变",但悠悠岁月铸就的传统,作为一种动力定型和深层底蕴,仍旧或显或隐地施展影响,中国现代文明必然在中与外的交织、古与今的因革中演化,如滔滔江河,后浪逐前浪,奔流不息。

注释：

① 《诗·大雅·民劳》："惠此中国,以绥四方。"

② 《诗·小雅·六月》序："四夷交侵,中国微矣。"

③ 见《元史·外夷传》。

④ 《新大陆游记》,见《饮冰室合集·专集》第五册。

⑤ 《社会通诠》译序。

⑥ 《汉书·董仲舒传》。

⑦ 《论语·子罕》："子欲居九夷,或曰陋如之何?"

⑧ 《孟子·滕文公上》。

⑨ 《同治朝筹办夷务始末》卷九六。

⑩ 《易·乾卦·象传》："天行健,君子以自强不息。"《易·坤卦·象传》："地势坤,君子以厚德载物。"

第一章

创榛辟莽

——从人猿揖别到夏禹传子

劳动使猿类直立,逐步从动物群脱颖而出,成为拥有自觉意识,能够制造并使用工具的人类,有了"人",也就开始有了"文明"。

如果把文明比喻为波澜起伏的多幕戏剧,人类便是戏剧的主角。人的诞生,意味着文明这部悲壮大剧揭开了帷幕。

第一节

元谋人、北京人:中华文明史的首轮主角

劳动使猿类直立,逐步从动物群脱颖而出,成为拥有自觉意识、能够制造并使用工具的人类。

有了"人",也就开始有了"文明"。

如果把文明比喻为波澜起伏的多幕戏剧,人类便是戏剧的主角。人的诞生,意味着文明这部悲壮大剧揭开了帷幕。

首先登上中华文明舞台的,是与猿类揖别的古人类。

20世纪初叶以来,西方学者如安特生等人,从"文化及人种单源说"出发,指认中国人种外来,有西来、南来、东来诸说。然而,大量考古发现一再有力地驳斥了这类论断。

东亚大陆是古人类化石发现地之一。自1929年中外学者在北京西南房山周口店龙骨山发现晚期猿人(直立人)头盖骨化石以来,几十年间多有古人类化石出土。其中直立人,也即"正在形成中的人",主要有——

云南元谋人(距今170万年,1965年发现)。

陕西蓝田人(距今65万年至80万年,1963年发现)。

北京人(距今五十万年左右,1929年发现)。

智人,也即"完全的人"又可分为早期智人和晚期智人。早期智人(古人)主要有——

广东马坝人(距今二十万年,1958年发现)。

陕西大荔人(距今十万年,1978年发现)。

山西丁村人(距今约五万年,1954年发现)。

晚期智人(新人)主要有——

广西柳江人(晚于丁村人,早于山顶洞人,1958年发现)。

北京山顶洞人(距今一万八千年,1933年发现)。

四川资阳人(距今七千年,1951年发现)。

从体质人类学考察,世界上的人类分为黄种人(蒙古人种)、白种人(欧罗巴人种)、黑种人(尼格罗人种)三大类别。从元谋人、蓝田人、北京人,直至柳江人、山顶洞人,黄种人的基本特征一以贯之:颧骨突出、铲形上门齿、鼻子较宽。

这些古人类的脑容量呈增长趋势,如蓝田人七百八十毫升,北京人八百五十九毫升至一千二百二十五毫升,山顶洞人则为一千四百毫升,逐渐逼近现代人的脑容量。这表明,古人类在长期劳动生活实践中,智力稳步增进。

人类区别于动物,首先在于人能从事有意识、有目的的劳动,而劳动的特征和前提是制造并使用工具。古人类只能对自然物(如木、骨、石等)稍加制造,充作某种用途的工具,使手臂得以延长。而在漫长的岁月中,"木亡石存",今日我们所能得见的古人类的工具遗留,主要是石器。

依石器制作的精细程度,原始社会可分为"旧石器时代"和"新石

>>> 1929年发现的北京人,距今五十万年左右。图为表现北京人生活场景的画面。

器时代"。前述从元谋人、北京人到山顶洞人、资阳人,都处在旧石器时代。这百余万年间,古人类用碰砧、打击、刮削等方法,对石块进行简单加工。

与使用木石工具同时,古人类开始用火。火的获取、保存及使用,使人类在暗夜、严冬获得光明与温暖,不再"茹毛饮血",而得以"熟食",人类征服自然的能力大为提高,生活质量也明显改善。中国人颂扬"钻木燧取火,教民熟食"的燧人氏[①],希腊人赞美窃天火给人间的普罗米修斯,正是对于"用火"这一伟大进步的追怀纪念。

元谋人遗址已发现用火痕迹,而北京人洞穴内灰烬厚达六米,表明至少在五十多万年前,华人先祖已经熟练地用火与贮火。

旧石器时代早期(如北京人),人类过着原始群居生活,即古籍记载的"其民聚生群处,知母不知父,无亲戚兄弟夫妻男女之别,无上下长幼之道"[②]。

旧石器时代中期(如马坝人、丁村人)和晚期(如柳江人、山顶洞人),随着渔猎、采集经济的发展,男女分工明显,逐步由血缘公社转变为母系氏族社会。母系氏族是由女祖先繁衍下来的一个血缘集团,"民人但知其母,不知其父"[③],世系按母系血缘计算,生产资料公有,集体生产,共同消费,血缘内婚向氏族外婚转变。

第二节

农业革命

在母系氏族社会后期,也即距今七八千年前后,中华先民生活发生意义深远的变革:从直接攫取自然物的采集、渔猎经济,开始向生产型的农业、畜牧经济转化,先民获得较稳定、丰富的生活资料,从而实现文明的一大飞跃。有的西方学者将这一转化称之为"新石器时代革命""农业革命",或"第一次浪潮"④。其实,中国人很早便意识到攫取经济与生产经济分离的划时代意义,不过将其功勋归之"神农"这位文化英雄——"至于神农,以为行虫走兽,难以养民,乃求可食之物,尝百草之实,察酸苦之味,教民食五谷。"⑤传说制耒耜、教民耕稼的"神农",实则是母系氏族时代众先民的代称,而其间发明农业、培植农作物的主要劳绩应当归功于妇女,当时男子主要从事渔猎。

东亚大陆是世界上的农业发源地之一,一些重要的农作物在这里培育出来,如黄河流域由野生狗尾草培育出粟子(小米),长江流域由野生稻培育出水稻。此外,还从狼驯育出狗,从野猪驯养出家猪,从原鸡驯育出家鸡。家畜、家禽饲养业与农耕业相辅相成,并行发展。

与农业、畜牧业发明相伴,这一时期的主要生产工具——石器已由粗放的打制阶段转为精细的磨制阶段,从而进入新石器时代。定居农业导致的谷类熟食生活,提出对耐烧炊具的要求,以"泥条盘筑"为主要制作方法的陶器便应运而生,陶器是人类使之改变分子化学结构的第一种制作物。此外,麻类等农产品则推动纺织的兴起。这样便出现农业与手工业的分离。

以生产经济为主导的新石器文化如满天星斗,散布东亚大陆,其富于典型性的有如下几种——

一 仰韶文化

距今五六千年,1921年首次发现于河南渑池仰韶。分布于黄河中下游,生产工具有磨制的刀、斧、锛、凿等,骨器精致,陶器以细泥红陶和夹砂红褐陶为主。经济生活以农业为主,渔猎为辅,饲养猪、狗等家畜。属母系氏族社会的繁盛期。由于遗物中常有彩陶,又称"彩陶文化"。

仰韶文化的一个重要遗址在西安东郊的半坡村。1958年在遗址建立半坡博物馆。

二 龙山文化

新石器时代晚期距今约四千年的一种文化。1928年首次发现于

>>> 仰韶文化距今五六千年,1921年首次发现于河南渑池仰韶。图为表现仰韶文化时期人们生活情景的雕塑。

山东章丘龙山。分布于黄河中下游。生产工具有磨制的石镰和蚌镰。陶器以灰陶为主,黑陶次之,开始用轮制。出现卜骨。以农业为主,畜牧业发达。属父系氏族社会时期,因遗址掘出黑陶,又称"黑陶文化"。

三 河姆渡文化

1973年首次发掘于浙江余姚河姆渡,距今约六千年,生产工具有石斧、石凿、骨耜、骨镞,陶器为黑陶,有大量稻谷遗迹和猪、狗、牛遗骨。这说明与黄河流域的仰韶文化同先后,在长江流域也有灿烂的原始文化。

四 屈家岭文化

1954年发现于湖北京山屈家岭。分布于江汉平原。以薄如蛋壳的小型彩陶、彩陶纺轮、长颈圈足壶为主要特征。经济生活以农业为主,种植粳稻,饲养猪、狗等家畜。年代晚于仰韶文化,而与早期龙山文化相当。

此外还有山东的大汶口文化,甘肃的齐家文化、辛店文化、马家窑文化、寺洼文化,浙江的良渚文化,江苏的青莲岗文化,内蒙古的红山文化等。

>>> 河姆渡文化1973年首次发掘于浙江余姚河姆渡,距今约六千年。图为河姆渡文化遗址。

第三节
父权兴起

农业、畜牧业发生于母系氏族社会晚期,女性曾经是主要农业劳动力,占据社会宰制地位。随着社会生产力向纵深发展,尤其是犁耕出现,要求身强力壮的男子从渔猎转向农业和专业手工业(如制陶),逐渐取代妇女成为主要农业劳动力,体力较弱且有生育之累的妇女则从事纺织、炊事和养育子女等家务劳作。男子的社会地位历史性地超过妇女,母系氏族制向父系氏族制过渡。

父系氏族是由父系血缘组成的社会集团。一个氏族的成员,是同一男性祖先的后裔及配偶,他们共居一定地域,共同占有、耕种一定土地,集体劳作,共同消费。

父系氏族制区别于母系氏族制的关键,在于世系按父系计算,男子是社会和家庭的主宰和核心。男子出嫁到女方的对偶婚演变为男娶女嫁,母系家庭公社向父系家庭公社转化,进而形成以男子为家长的一夫一妻制家庭。

在父系氏族制阶段,随着社会生产力水平的提高,开始有了剩余产品,一些氏族首领利用公职之便,将某些集体财产据为私有。最先出现的私有财产是生产工具、生活用品和装饰品等动产,粮食和家畜逐步也成为个体家庭的私有动产;以后,房屋乃至土地等不动产也为个体家庭所私有。

与私有财产的出现相关联,随之发生阶级分化,家内奴隶制是最初形态。山东大汶口文化遗址的氏族公共葬地,各墓内随葬品多寡悬殊,足见在同一氏族内,成员的贫富差异明显;大汶口文化晚期墓葬,男子身边有妇女和儿童,说明男性家长已有为其殉葬的奴隶。

私有财产及奴隶的出现,导致掠夺战争频繁。为着自卫及掠夺的需要,氏族结成部落,部落结成部落联盟。

距今五千年前后,中国大地分布着若干部落联盟,据传说,著名者有黄河流域的炎帝、黄帝集团,长江流域的三苗集团,淮河流域的少昊、蚩尤集团。它们彼此发生过多次战争,如蚩尤与炎帝部落的一支共工间的战争,结果以蚩尤胜利告终;又如黄帝与蚩尤间的"涿鹿之战",黄帝获胜;三如黄帝与炎帝间的"阪泉之战",最后黄帝获胜,炎帝集团转徙长江流域。从此,黄帝集团势力日盛,黄帝成为传说中中原各族的共同祖先,许多发明制造,如养蚕、舟车、文字、音律、医学、算数,都被说成是黄帝及其亲属、部下首创,黄帝遂有"人文初祖"的美誉,被推尊为中华民族的头号文化英雄。人们常称中国是"五千年文明古国","中华五千年文明"也始于黄帝。

传说中的尧、舜、禹,是父系氏族社会后期部落联盟的领袖。其时实行军事民主制:第一,首领公举,史称"禅让"。如尧咨询"四岳"(诸部落长),"四岳"推选舜为继任人,又对舜考核三年,以舜摄位行政,尧死,由舜继位;舜晚年亦咨询"四岳",挑选治水有功的禹为继承

距今五千年前后，中国大地分布着若干部落联盟，著名者有黄河流域的炎帝、黄帝集团，长江流域的三苗集团，淮河流域的少昊、蚩尤集团。图为宋代所绘《蚕坛巡游图》。

人。第二,大事众议。宣战、媾和、联盟、继位等均由氏族首领组成的议事会决定,不能个人独裁。《史记·五帝本纪》载,尧与"四岳"讨论,起初彼此意见分歧,最终尧服从"众议"。

"禅让"与"众议",构成中国原始民主的基本内容,以后被中国人奉为"天下为公"的"大同"时代的标志。

第四节
精神之花初放

中华先民在原始公产的石器时代,不仅发明农业、创制陶器,而且还培植出质朴的精神之花。

一 语言与记事符号

语言是劳动的产物,它与人类社会同时形成和发展起来。最初产生的是手势语言,进而形成分节口语,成为人们交流思想、协调动作、传授经验的交际工具。

为了帮助记忆和传递信息,先民还创作了各种记事符号,如《易·系辞》所载的"上古结绳而治",又如《旧唐书·南蛮传》所载少数民族的"刻木为契"。

父系氏族制社会晚期,先民创造出更加复杂的刻画符号。如1954年西安半坡出土的陶器,其口沿上有一百多个共约三十二种刻画符号。以后又在陕西姜寨发现一百二十多个约四十多种刻画符号。

> 倉頡四目生于軒轅時已
> 建左右史以記言動倉頡
> 訓誦寶當其仕始目鳥跡
> 而作字是時天雨粟鬼夜
> 泣世人咸稱字從其制謹
> 按伏羲時已有書契爲
> 萬世文字之祖蓋亦因其
> 文而增創耳耶

>>> 父系氏族制社会晚期，先民创造出更加复杂的刻画符号，已经走到文字的边缘，成为汉字的前驱。图为传说中造字的仓颉的画像。

这些符号已经走到文字的边缘,成为汉字的前驱。

二 绘画、雕塑

古籍有关于初民绘画的记述,如《吕氏春秋·句躬篇》的"史皇作图",《路史》的"颗首作画"即是。征之以考古发现,原始绘画有装饰性图案画和写实性绘画两种,均见于彩陶。彩陶图案表现出由具体形象到抽象线条演化的趋势,如半坡彩陶有鱼的抽象化图案、庙底沟彩陶有鸟和花的抽象化图案。此外,后世中国画以笔墨造型,基本技法为勾线法、没骨法、填色法,这些特点在原始绘画中已有显现。

初民的雕刻艺术,有骨雕、牙雕、陶雕和石雕,以平面线刻为主,浮雕、圆雕和透雕较少,这与当时缺乏坚硬度大的金属雕琢工具有关。

随着制陶术的普及,陶塑艺术也得到发展。陶塑题材广泛,有家畜家禽、飞禽走兽、房屋、人像。注意艺术性与实用性的结合,是其显著特色。这一点影响后世中国艺术至深至远。

三 音乐、舞蹈

原始音乐有声乐与器乐之分。声乐在原始社会本极发达,它是表达人们思想情感的群众性艺术,但时间的流逝使口耳相传的古声乐曲散音消,今日已无法窥见原貌。器乐则因古乐器少有保存而可略观其面目。《路史》称"疱牺灼土为埙""伏羲削桐为琴""伶伦造磬",《世本》称"夷作鼓",都是讲原始乐器的创制,而埙、磬等古乐器时有出土,证实这些传说并非向壁虚造。当然,原始乐器并非个别人发明,乃是初民的集体创造。

舞蹈是带节奏的人体动作,用以表达思想情感、反映生活。它与音乐相伴相依。氏族制社会人们聚族而生,集体劳作,集体娱乐,故舞蹈尤盛。《吕氏春秋·古乐篇》记述初民载歌载舞以庆贺狩猎成功和农业丰收,以及举行宗教仪式的情形;《韩非子·五蠹》的"执干戚舞"文句,则表现虞舜时期为征讨三苗,举行军事舞蹈的场景。一些出土彩陶上,往往绘有集体舞蹈图形,是原始艺术的直接摹写。

四 天文历法

天文历法知识的萌生,早于农业的发明。

初民在狩猎、采集和迁徙过程中,逐渐熟悉太阳东升西没、月亮圆缺、气候寒暑更替等自然现象,积累起最初步的天文历法知识。而农业发明以后,天文历法知识更向深度、广度拓展。古籍关于疱牺氏"仰则观象于天,俯则观法于地"⑥及容成用历、羲和作占日、常仪作占月、后益作占岁⑦的种种传说,正是初民探索天文历法知识的写照。而新石器时代的文物恰可证实这一点,如郑州大河出土的陶器,有太阳纹、月亮纹、日晕纹和星座图;连云港将军岩的岩画,有一组描绘日、月和其他星象。这便是新石器时代初民仰观天象的艺术写真。

>>> 原始社会舞蹈是带节奏的人体动作,用以表达思想情感、反映生活。图为广西花山岩画上原始社会人们舞蹈的图案。

五　数学萌芽

《路史》有"隶首作数"的传说,征之以半坡出土的彩陶,可发现反映数的概念的各种纹饰,如三角纹、斜线纹,还有两条线、三条线、四条线、五条线、六条线、七条线分别组成的纹饰。庙底沟的一件陶器有两个填以网纹的圆形图案。梅堰出土的鱼形骨匕,两边的三角纹的组数相等,各为十二组。可以推见,当时的人们对十二以内的数有着明确的概念。屈家岭出土的中空球状陶器,整个球体被等分为二十四个球面等腰三角形,可见当时已有等分球体的实际几何知识。

六　建筑技术

《韩非子·五蠹》载,有巢氏"构木为巢",《易·系辞》则有"穴居"之说,这是关于建筑起源的古老传说。"巢居"与"穴居"同为中华先民最早的两种居住方式。以后,在长江流域"巢居"发展为"干栏"式建筑,即在基址先打木桩,再加铺板,作为房基,然后在其上架盖居室。河姆渡遗址出土的做此种建筑用的上千个木构件,可推见该地干栏式建筑的规模不小。在气候较寒冷的黄河流域,"穴居"得以保留和发展,形成土木合筑的混合结构,并流行夯筑技术。干栏式建筑和土木合筑式建筑成为以后中国建筑的主体,与古希腊以岩石为材料的建筑形成比照。

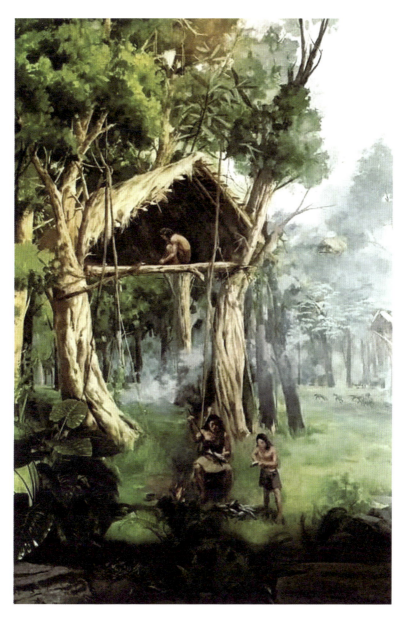

>>> 典籍记载,有巢氏"构木为巢"。图为描绘原始社会人们构木为巢的图画。

七　百草成药

《史记·补三皇本纪》有神农尝"百草,始有医药"的传说,反映了我国医学及药学起源的历史。当然,这里的"神农"应释为无数初民。百草成药,以治百病,构成我国医学及药学的传统,至今仍然发挥着巨大的作用。

第五节

原始宗教

宗教作为一种特殊的社会意识形态,是对自然和社会的曲折反映,并与人们的终极关怀密切相连。而蒙昧及野蛮时代产生的原始宗教,在人与自然间起协调作用,在本能与文化间起联络作用,在人的精神需要中起主观自足作用,故原始宗教曾经是原始时代的主流文化。

宗教最初萌动于原始人的自然崇拜和灵物崇拜。在我国新石器时代的陶器上,曾发现太阳纹、日月山等形象,这可能是初民对太阳等自然物崇拜的遗迹。殷墟卜辞有"宾日""饯日"的记录,是原始社会太阳崇拜在文明时代的遗存。

以后,这种对具体自然物的崇拜,抽象为图腾崇拜,即相信每个氏族起源于某种动物、植物或无生物,并将其视作族徽。河姆渡遗址出土的象牙雕刻常有鸟形图案,半坡出土的彩陶盆上有人面鱼纹,都有可能是某些氏族崇奉的图腾。传说中的伏羲、女娲也是古老的图腾,汉代画像砖绘有人首蛇身的伏羲与女娲相交的图像。此外,黄帝称有熊氏、太皞姓风(凤),则是某些部落或以熊或以凤为图腾的表征。

浙江良渚文化墓葬陶器上有勾连的似蛇非蛇花纹,可能是古越

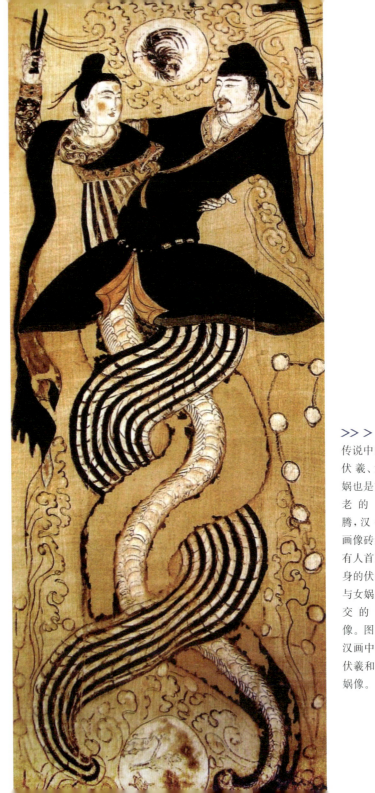

>>>
传说中的伏羲、女娲也是古老的图腾,汉代画像砖绘有人首蛇身的伏羲与女娲相交的图像。图为汉画中的伏羲和女娲像。

人崇拜的龙图腾,表明中华先民奉龙为崇拜神物至少已有五千年之久。凤与龙都不是实有动物,它们分别综合了多种动物形象,如龙综合了马、鳄、蛇、鹿、鹰等动物的部分形象,显示出图腾崇拜呈组合趋势,这正是分别崇拜某种动物的诸氏族、部落走向大规模融合的体现。

原始人相信万物有灵,由此产生灵魂和鬼神观念。鬼神崇拜兴起,源于对血亲先辈的敬仰,并在鬼神崇拜的基础上又产生祖先崇拜。

母系氏族社会盛行女性祖先崇拜,如传说中的炼石补天、抟土造人的女娲,便是母权时代的崇拜对象。又如红山文化遗址发现高腹丰臀、乳房硕大的陶塑女神像。父权制确立后,尊崇男性祖先,传说中开天辟地的巨人盘古,创造华夏文明的炎、黄二帝,便是父权时代的崇拜对象。仰韶文化晚期还出现陶祖崇拜和石祖崇拜,供奉陶制或石制的男性生殖器。

祖先崇拜长期延伸,构成中国人传统观念的重要部分,远祖崇拜是后世圣贤崇拜的源头,近祖崇拜则是后世宗法文化的先导。

原始宗教在发展过程中逐步形成一些以谋求控制自然力为目标的仪式,这便是巫术。巫术有祈求式、比拟式、接触式、诅咒式、录符式、占卜式等。从事巫术和主持祭祀起初并无专门人选,往往由氏族首领临时担任。以后渐渐出现职业祭司和巫师,他们自称可以通神,上达民意,下传神旨,预卜吉凶,治病救人。《尚书·周书·吕刑》载有圣帝先王"命重、黎绝天地通"的故事,《国语·楚语》对这一故事的含义做出解释:颛顼时,九黎乱德,人人通神,"民神同位",颛顼命令南正重"司天以属神",火正黎"司地以属民",这样,天与地、神与民便截然分开,即所谓"绝天地通",于是民众不再直接与天神交通,王也不兼司神职,而由巫专门负责沟通天地、人神。这种宗教职业者,"在男曰觋,

>>> 传说中,创造华夏文明的炎黄二帝,便是父权时代的崇拜对象。图为汉画像砖上表现黄帝等人的画面。

在女曰巫"⑧,他们既以非理性的迷信为务,又是初民文化(音乐、舞蹈、天文、历法、医药)的保存者,其职司大略有五:祝史、预卜、医、占梦、舞雩,从而成为知识分子的前驱。

部落联盟首脑权力日益膨胀,以至到夏禹以后"禅让"转为世袭,标志着原始公社的解体和国家的诞生,而巫觋的专职化,其文化功能扩大与加深,则预示着文明时代的即将来临。

注释：

① 《白虎通考》。

② 《吕氏春秋·恃君览》。

③ 《白虎通》卷一。

④ 托夫勒的《第三次浪潮》把农业革命称为"第一次浪潮"，工业革命称为"第二次浪潮"，后工业革命称为"第三次浪潮"。

⑤ 《新语·道基》。

⑥ 《易·系辞》。

⑦ 见《世本》《吕氏春秋》。

⑧ 《国语·楚语》。

第二章

文明初兴

——夏、商、西周

金属品的使用和文字的发明,使人类超越采集现成天然产物为主的蒙昧时代(旧石器时代)和学会经营农业与畜牧业的野蛮时代(新石器时代),迈入对天然产物进一步加工的文明时代(青铜及铁器时代)。东亚大陆文明的初兴大约发生在距今四千年的夏朝,而距今三千年至三千六百年的商朝则正式跨入文明的门槛,尤其是公元前13世纪商王盘庚迁殷,结束以往"不常厥邑"的迁徙游农生活,殷都遗留下城市基址、带字甲骨和大量青铜器,提供了一个完整的早期文明社会范本。代殷而立的西周(公元前11世纪至公元前771年)则发展了这一早期文明。

第一节
从"公天下"到"家天下"

与金属器及文字使用大体同步的,是私有制深化发展,军政首长由推举变为世袭。

大约成文于秦汉之际的《礼记·礼运》,提出"大同"与"小康"两种先后相承而又彼此对立的社会模式。前者是"天下为公,选贤与(举)能"的原始公产社会,后者是"天下为家""大人世及以为礼"的私有制阶级社会。而夏朝初期正处在由"大同"转向"小康"的关键时期。

《墨子·尚贤》《孟子·万章》《尚书·尧典》等先秦典籍都有关于父系氏族社会后期部落联盟首脑尧、舜、禹"禅让"的记述,那正是"公天下"时代军政首领"公举""让贤"的写照。

禹因治水有功而被推举为部落联盟长,他"菲饮食""恶衣服""卑宫室而尽力乎沟洫"①,是"大公无私"的民众领袖。但禹以后,情形转变。

《史记·夏本纪》说,禹曾举益为继承人;禹死,天下授益。三年以后,益让位于禹子启,"于是启遂即天子之位,是为夏后帝启"。这里把"禅让"过渡到世袭描述为一派礼让之风。而《竹书纪年》《韩非子·外

>>> 先秦典籍关于父系氏族社会后期部落联盟首脑尧、舜、禹禅让的记述,那正是"公天下"时代军政首领"公举""让贤"的写照。图为当代李建国《尧舜"禅让"》。

储说右下》《战国策·燕策一》《楚辞·天问》等典籍则说,禹死后,启、益争斗激烈,最后,启排斥益(或诛杀益),方建立起世袭王权。后说似较合理。

启世袭禹的帝位,是一个划时代的举动,标志着"各亲其亲,各子其子"的政权"世及"时代来到,特殊的公共权力开始凌驾于社会之上,一系列行政措施应运而生——传说"茫茫禹迹,划为九州",实行区域统治;兼并部落的战争风起云涌,所谓"当禹之时,天下万国,至于汤而三千余国"②;"夏有乱政,而作禹刑"③,法律和刑罚订定;"夏后氏官百"④,官僚机构已成规模。这都是国家正式君临人间的表现。

因至今尚未发现夏朝的直接文献,故这一朝代仍然带有传说性质。但考之以距今四千年左右(与夏朝年代相当)的二里头文化,可以得见夏文化所达到的实际水平。河南偃师二里头遗址发现有石斧、石镰、石刀、石铲,以及各种蚌器和骨器,另外还有铜镞、铜锥、铜凿等红铜器及青铜器出土,表明夏代已进入"铜石并用"时期,由此推测,夏铸"九鼎"的传说⑤并非妄论;而铜戈的出土,使夏代"以铜为兵"之说⑥获得实据。二里头宫殿遗址及登封古阳城遗址的出现,则是国家政权建立的旁证。

第二节

青铜时代

先秦称铜为金。"青铜"一词始于东汉辛延年的诗《羽林郎》中"贻我青铜镜"之句。

青铜是铜锡合金,呈青灰色,其熔点低于纯铜(红铜),硬度却高于纯铜,铸造性能好,可做兵器、礼器、炊具、生产工具等各种用途。

青铜的出现,上可追溯到夏代——二里头文化遗址有青铜器出土,但其时仍以石器为主;下可延及东周——其时青铜器仍旧使用,但铁器于春秋出现,战国日渐普及,属"铜铁并用时代",所谓"美金(指铜)以铸剑戟,试诸狗马;恶金(指铁)以铸钥夷斤斸,试诸壤土"⑦。故准确意义的"青铜时代"是商朝和西周,亦可包括春秋战国这一"铜铁并用"的时期。

商周两代的青铜冶炼及铸造完全由官府控制,其技艺已达到相当高的水平。成文于战国的《周礼·考工记》,对商周以降的青铜冶炼技术做出概括:

> 金有六齐:六分其金而锡居一,谓之钟鼎之齐;五分其金而锡居一,谓之斧斤之齐;四分其金而锡居一,谓之戈戟之齐;三分

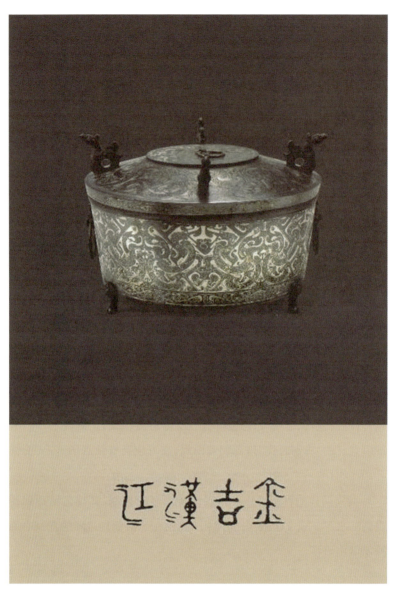

>>> 商周两代的青铜冶炼及铸造完全由官府控制,其技艺已达到相当高的水平。图为中国古代青铜器。

其金而锡居一,谓之大刃之齐;五分其金而锡居二,谓之削杀矢之齐;金锡半,谓之鉴燧之齐。

这里的"金"指铜,"齐"即"剂"字,为剂量义。这是世界上保存下来最早的合金比例记载,并且大体符合古代青铜器的实际成分。

青铜器主要有以下几类:

礼器,如鼎、镬、鬲、釜、甑、俎、豆、簋、瓿、尊等。出土青铜器型制最大的司母戊大方鼎,重八百七十五千克,为青铜礼器的代表;

乐器,如钟、镗、铙、钲等。湖北随县出土的编钟,为青铜乐器的蔚为大观者;

兵器,如戈、矛、钺、刀、斧、戟、镞、剑、盾、胄等;

生产工具,如铲、斧、刀、钻、凿、锥、锯、锉等;

饮食器,前列礼器中的若干种,也有的做日常饮食之用,其中尤以酒器居多。

在商朝和西周,青铜固然也充作生产工具,但主要用于祭祀和战争,这是因为,当时的"国之大事,在祀与戎"⑧。所以商周青铜器的主体并非生产工具,而是礼器(包括乐器、服饰器)和兵器。从青铜器的工艺水平而论,充作祭祀等礼仪之用的礼器和乐器的水平最高。其中夔龙、夔凤、饕餮、象纹、雷纹,精妙绝伦;连铸、合铸、嵌接、镂空、失腊等技艺,巧夺天工,令人叹为观止。

总之,青铜这种当时最先进的材料,不是首先用于发展社会生产力,而是优先制造礼器和兵器,充作国家政权要件。礼器是沟通神人的工具,又是政治权力的象征。如作为礼器的鼎,其轻重象征权力大小;兵器则是暴力手段,是国家强制力量的物质保证。

第三节

甲骨文与金文

文字发明并用于文献记录,是文明时代来临的一个基本标志。

中国古来即有黄帝史官仓颉造字的传说。其实,文字并非一人一时之作,而是在漫长世代由无数先民集体创造的。第一章曾论及新石器时代晚期陶器上的刻画符号,这种尚未破读的陶符可能是文字前身。中国正式的古文字,最初发现于商代,有甲骨文、金文、陶文和玉石铭文等类型。自殷商起,中国历史方开始有直接的原始文字文献可考。

一 甲骨文

今日所见到的商朝文字最多的是甲骨文,其主要发现地是河南安阳小屯殷墟。殷墟甲骨文是殷商王室从事祭祀、征伐、田猎等活动时进行占卜的记录,因刻于龟甲、兽骨上,故称甲骨文;又因内容为卜问记录,故又称甲骨卜辞,殷商时即作为国家档案集中保管,清末光绪

>>> 甲骨文主要发现地是河南安阳小屯殷墟。图为出土的甲骨文。

年间从殷都遗址大批出土,故称殷虚卜辞,或殷虚书契("虚"即"墟"字,"契"为"刻"意)。

甲骨文字形结构,已出现后世汉字的六种造字方法(即东汉许慎在《说文解字序》中所概括的六书——指事、象形、形声、会意、转注、假借),其中尤以象形字为多,如 ☉(日)、☽(月)像天体,凸(土)、田(田)像地貌,八(人)、𠂉(女)像人体,羊(羊)、牛(牛)像动物。此外还有会意字,如 明(明),取日月交辉意;形声字,如 盂(盂),上声下形;指事字,如 上(上)、下(下);假借字,如 正(正)借为征;转注字,如 考(考)、老(老)互注。

殷墟出土的带字甲骨有十六万片,约六千单字,能认识的约一千五百字。它上承陶符,下启金文,是汉字发展的关键形态。

二 金文

古代称铜为金,金文即铜器铭文。商前期(盘庚迁殷以前)的铜器均无铭文;商后期带铭文的铜器也不多见,即使有铭文,一器物也只有一两个字,多者几字,最多三十余字。金文到周代方发达起来,一铜器铭文洋洋百余字的并不稀罕,文字在一两百以上的有《盂鼎》《散氏盘》《虢季子白盘》铭文,最长的《毛公鼎》铭文,达四百九十七字。

金文是王室大事的铭记,多为歌功颂德的文字,大半铸在礼器"鼎"和乐器"钟"上,所以又称钟鼎文。

随着社会生活的日趋丰富,反映在文字上,盛于周代的金文比盛

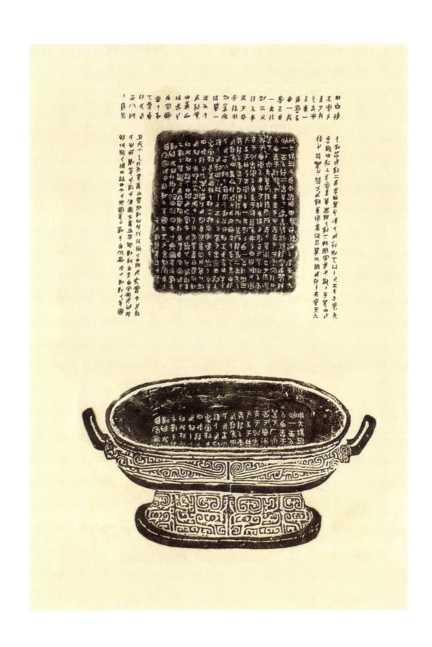

>>> 古代称铜为金,金文即铜器铭文。图为金文拓片。

于商代的甲骨文单字数剧增。如甲骨文中一个"衣"字,金文中发展为十一个字:衣、衮、裹、裔、襄、亵、裕、卒、裒、袭、褢;甲骨文中一个"食"字,金文中发展为十个字:食、馈、饔、饴、养、饮、馀、飨、馑、铄。

　　金文的造字法,与甲骨文相较,形声字比例加大,已显示汉字形声化趋向。

第四节

巫、史、祝、卜

商朝和西周是"学在官府"的时代,典籍文献以及天文历法、医药学、历史、预卜等专门知识均在王室,由巫、史、祝、卜等专门文化官员世袭掌管,秘不示众,外人无法染指。

巫在甲骨文中写成"╋",为两"I"相交。"I"就是矩,即古代科技工作者常用的测量工具。《周髀算经》说,"环矩以为圆,合矩以为方";又说,"方属地,圆属天,天圆地方……是故知地者智,知天者圣"。使用矩的巫,就是知天知地的智者、圣者,是当时的职业文化匠师。如殷商名医巫咸便是一位大巫,传说他发明占筮,其"筮法"奠定易占的基础。

史,商代始设,原为驻守在外的武官,后来成为王左右掌管祭祀和记事的官员。周公说"唯殷先人,有册有典"①,殷人的典册便出自史的手笔。商代的史有多种名称,甲骨文作"大史""小史""西史""东史""作册"。西周的史有"太史""内史""左史""右史"之别;太史掌管起草文书,记载史事,编写史书,兼管国家典籍、天文历法、祭祀等;左史记动,右史记言。史与巫往往一身二任,故后世并称巫史。史常在王左右,除记录外,也可发表意见,提供建策。总之,史的职守是"掌官书以赞治"[10],是典型的文化官员。

祝,商周两代王室都有祝人,负责祭祀时致告鬼神之词,所谓"祝,祭主赞词者"[11]。甲骨卜辞中多有关于祝人活动于商王之左右的记载。《周礼·春官》有"大祝""小祝"的官职,说明周代仍有祝官。

卜为专掌占卜的官员。占卜最早见于龙山文化,二里头文化占卜已较普遍,而商代则是占卜的极盛时期。商王及贵族无日不卜,诸如祭祀、年成、征伐、天气、祸福、田狩、疾病、生育,无事不卜。占卜活动由卜官主持,甲骨文中称其为"卜"或"贞人"。卜不仅是预测学专家,而且是甲骨文的缮写者和推广应用者。

巫、史、祝、卜是第一批较正式的文化人,他们从事卜筮、祭祀、书史、星历、教育、医药等多种文化活动,并参与政治。我们可以从甲骨文、金文和各种先秦典籍中见到他们席不暇暖的忙碌身影。他们对中国文化的早期发展有着特殊贡献。

第五节

崇帝尚鬼与敬天法祖

殷商是神权时代,是鬼神观念盛行的社会。

商人信仰的神有三类——上帝神、祖先神和自然神,又以上帝神为主。甲骨卜辞多次出现的"帝"或"上帝",被认作宇宙万物的最高主宰,能呼风唤雨、给人间降祸赐福,所谓"帝其令雨""帝其令风""帝其降堇(馑)""帝其降祸""帝降食受(授)又(佑)"。

商人也频繁祭祀祖先神,形成周祭制度。商王认为祖先是上帝派到人间主宰一切的,祭祀先公、先王与祭祀天帝彼此呼应。

商人还保留着原始宗教的自然崇拜,遍祀山川四方。商人又迷信人死后精灵长存,称为鬼。天神、地祇、人鬼都是顶礼膜拜的对象,这便是所谓"殷人尚鬼"。

周代发展了殷商的至上神观念,称至上神为"天",或"昊天上帝",认为王权为天所授,为王祖所遗,故周人敬天法祖。于是,宗教与政权、族权三位一体,水乳交融,形成以天帝为皈依,以宗法家族为基础,以君权为核心的国家民族宗教。"敬天法祖"自此成为中国人的基本信仰,延绵三千年而不衰。

>>> "敬天法祖"自周代成为中国人的基本信仰,延绵三千年而不衰。图为古代剺牛祭祀的铜扣饰。

鉴于殷周鼎革的教训,周人又意识到"天命靡(无)常"和"小人难保",遂强调"敬德保民""以德配天",在宗法宗教中渗入人文主义成分,天命观中保有理性主义位置。绝对的天神崇拜宗教在中国始终没有占据统治地位,而敬天法祖的宗法宗教构成中国宗教的主体,与周文化造成的人文—理性趋势不无关系。

第六节

宗法建构与制礼作乐

"宗"为象形字,谓屋宇下设神主祭祀。而"宗法"一词始见于宋代张载《经学理窟·宗法》一文,是对父系宗族内的宗子法的简称。宗法制度以父系血缘关系为前提,以父权和族权为维系力量,将同姓同氏者结成一个有共同经济政治利益的族群。这一制度萌芽于父系氏族社会晚期,商代前期主要实行兄终弟及制,此为母系氏族社会的遗迹。至商代晚期,已有不严格的嫡庶之制,宗法制度初成;而西周宗法进一步严格化、完整化,形成周密有序的宗法制,包括立子立嫡之制、庙数之制、同姓不婚之制,其核心内容是在维护父权的基础上,确立嫡长子继承的世袭特权,使权力早有归属,以免争夺残杀。

与宗法制相关联的是封建制。这里的"封建"非指现代被滥用的封建,而是"封土建国"的简称,指帝王以爵土分封诸侯,使之在封域建立邦国。商代已实行分封,而"周初大封建"使这一制度完备化。封建制与宗法制相为表里,天子是天下"大宗",天下是其名义上的"王土",但周天子实际控制的只是王畿之地(镐京和洛邑四周),王畿之外,周室先后封建一百多个诸侯。作为"小宗"的诸侯对"大宗"周天子按期纳贡、朝觐，应召出兵助王征伐，而内政自主。这种按宗法原则世袭的封建制，盛行于西周，东周渐趋式微，秦汉以降被郡县制所取代。

西周在确立宗法、分封、世袭三大制度的同时，又系统地制礼作乐，从外在社会规范到人的主观情志实现全面控摄，以确保宗法等级秩序。

礼起源于原始社会的风俗习惯，当私有制、阶级和国家出现以后，便对往昔流传下来的风习加以改造和条例化，以作为稳定社会秩序的制度和手段。如商周时代的"乡饮酒礼"，便沿袭氏族制习俗，在会食聚餐时，尊长敬老；又如商周实行的天子每年象征性带头耕地的"藉礼"，也是继承氏族长老率众耕作的传统；再如氏族社会末期物物交换，有赠有报，有往有来，这一习惯便发展为文明时代的"礼尚往来，往而不来非礼也，来而不往亦非礼也"[12]。

三代先后出现夏礼、殷礼、周礼。周礼承袭夏礼、殷礼，又有所损益。传说周公"制礼作乐"[13]，不尽可靠，但说以周公为首的周初统治集团建立了周礼的基本框架，则是合理之论。

周礼包括吉礼（祭祀鬼神、祈求福祥）、凶礼（哀邦国之忧，包括丧礼、荒礼、吊礼）、宾礼（迎宾亲附诸侯之礼）、军礼（和协邦国，包括大师之礼、大田之礼）、嘉礼（亲善万民，包括饮食、昏冠、宾射、飨燕等礼）。

这些"礼"通过一定的规则、典礼仪式以及表示身份的舆服旌旗、宫室器用，体现宗法等级制度，故"礼者，贵贱有等，长幼有差，富贵轻重皆有称者也"[14]。礼只实行于贵族内部，对庶人则只用刑约束，所谓"礼不下庶人，刑不上大夫"[15]。

与礼相配合的乐，包括乐曲、舞蹈和歌词，是行礼时的艺术呼应。如果说，礼从外部给人提供一种社会规范，那么，乐则使人从情感内

>>> 与礼相配合的乐,包括乐曲、舞蹈和歌词,是行礼时的艺术呼应。图为汉代乐舞杂技画像。

发,趋向这种规范,故"知乐则几于礼矣"[16],所以"礼乐"历来并称。大约成文于秦汉之际的《礼记·乐记》对于周初以降礼乐一体精义有扼要阐述:

> 礼以道其志,乐以和其声,政以一其行,刑以防其奸。礼乐刑政,其极一也,所以同民心而出治道也。

有了礼的规范、政的划一、刑的强制,配之以乐的感染,便能同一民心,成就"治道",这正是周代"制礼作乐"的深远用意。

如果说,夏代是服从命定的"尊命文化",殷代是崇尚鬼神的"尊神文化",那么,周代则是礼乐刑政目标合一的"尊礼文化"。这一文化走向有久远影响,后人往往声言"崇周""复周",便是对这种"尊礼文化"的追怀与服膺。

注释：

① 《论语·泰伯》。

② 《吕氏春秋·离俗览·用民篇》。

③ 《左传·昭公六年》。

④ 《礼记·明堂位》。

⑤ 见《左传·桓公二年》《墨子·耕柱》篇。

⑥ 见《越绝书》卷十一。

⑦ 《国语·齐语》。

⑧ 《左传·成公十三年》。

⑨ 《书·多士》。

⑩ 《周礼·天官》。

⑪ 《说文·示部》。

⑫ 《礼记·曲礼上》。

⑬ 《礼记·明堂位》。

⑭ 《荀子·富国》。

⑮ 《礼记·曲礼上》。

⑯ 《礼记·乐记》。

第三章

多元私学

——春秋、战国

殷商西周是"礼乐征伐自天子出"①的时代,文化由王室控制,学术尚未分解,《庄子·天下》称其为"皆原于一"的"古之所谓道术"。公元前770年,周平王(？—前720)东迁洛邑(今河南洛阳西),是为东周,其前段因鲁史《春秋》记载而得名"春秋"(前770—前481),后段因列国争战而称"战国"(前481—前221)。东周天子大权旁落,"礼乐征伐自诸侯出",甚至政出大夫、陪臣执国命②。天下大乱导致"礼崩乐坏",但春秋尚无私门著述,仅有的典籍如《诗》《书》等由王室或公室文化官员(所谓"缙绅先生")整理、授受;至战国,缙绅先生掌握的"旧法世传"之学分解为私门之学,"其数散于天下而设于中国者,百家之学时或称而道之"③。

春秋末叶和战国,是一个"道术将为天下裂"④的特别时段,呈现一元文化离析、多元文化发展的灿烂景观。

第一节

从"学在官府"到"学在私门"

殷商、西周都是官学时代,但两者间又有显著差异。

就殷商而言,天神崇拜与祖先崇拜合二为一,这种帝祖一体的宗教观支配全社会,所谓"殷人尊神,率民以事神,先鬼而后礼"⑤,而神权又从属王权,具体的执掌者是王室内的巫、史、祝、卜。这种"巫史文化"或"巫卜文化"当然是一种"官学",不过其"学"为宗教神学所充斥。

在殷文化的基础上,周人有所"维新",其要者是天帝崇拜与祖先崇拜分离,并使社会意识的重心从"尊神"转向"重德",形成一种"以天为宗,以德为本"⑥的文化。然而,殷商的文化官守传统在西周却得到保持和加强,"王前巫而后史,卜筮瞽侑,皆在左右"⑦。天子又在国都设立"国学",各级贵族在封地设立"乡学",文化教育与平民无缘,即所谓"礼之专及"。这种"学在官府"的文化政策,与同时实行的"土地国有"和"宗法制度"相互为用,掌握天下土地、身为天下"大宗"的周天子,同时也是观念世界的主持者。

时至东周,天子的权威在夷狄交侵、诸侯争霸过程中大为衰减;而社会生产力的进步,推动土地国有(王有)向土地私有转化;此外,兼并战争使人才问题突现出来,各级统治者不得不在宗法制的"亲亲"之外,同时实行"贤贤"。这一切都逐步动摇着西周官学的根基。进入春秋末年,随着周天子"共主"地位的进一步丧失和一些公室的衰落,边鄙之地的文化繁荣起来,身为夷人的郯子到礼仪之邦鲁国来大讲礼乐,使鲁人自愧不如,所以后来孔子感叹道:"天子失官,学在四夷。"⑧与此同时,传统的"国学"和"乡学"有倒闭之势,文化发达的郑国甚至有人公然提出"毁乡校"之议。

"皮之不存,毛将焉附",王室及一些公室的衰败,国学及乡学的难以为继,使得世守专职的宫廷文化官员纷纷出走。《论语》说:

> 大师挚适齐,亚饭干适楚,三饭缭适蔡,四饭缺适秦,鼓方叔入于河,播鼗武入于汉,少师阳、击磬襄入于海⑨。

这段话描绘出春秋末期的一幅王室乐队四散图,由此可以推见当年王纲解纽、学术下移的普遍情形。

王室文化官员下移列国、混迹民间,造成的影响十分深远,最直接者便是学术授受从官府转向私门,所谓"官失而师儒传之"⑩。春秋末年,私立学门者不乏其人,如周守藏史老聃"见周之衰,乃遂去"⑪,私自著书兴学;又如鲁国乐师师襄、夷人郯子、郑国的邓析,以及苌弘、王骀等,也都收徒讲学。而创私学、兴教育最有成绩的是孔丘,相传他"以诗书礼乐教,弟子盖三千焉,身通六艺者七十有二人"⑫。私学勃兴,"知识产权"也就非王官专有,学问渐次播散于鄙野民间。近代章

>>> 春秋末年,私立学门者不乏其人,如周守藏史老聃"见周之衰,乃遂去",私自著书兴学;又如鲁国乐师师襄、夷人郯子、郑国的邓析,以及苌弘、王骀等,也都收徒讲学。而创私学、兴教育最有成绩的是孔丘,相传他"以诗书礼乐教,弟子盖三千焉,身通六艺者七十有二人"。图为清代佚名《孔子世家图册·杏坛礼乐》。

太炎概括晚周的这一转折说:

> 老聃仲尼而上,学皆在官;老聃仲尼而下,学皆在家人。[13]

以此为契机,殷商、西周一元未分的王官之学转变为东周多元纷繁的百家之学。

第二节

士的崛起

春秋战国间,与私学涌动密切相连的,是作为知识阶层的"士"的勃兴。

士,在殷商、西周本指贵族的最低等级,由卿大夫封予食地,士以下便是平民和奴隶。春秋时,作为贵族下层、庶人之上的士,多为卿大夫家臣,有的保留封地,所谓"大夫食邑,士食田"⑭,不脱贵族余韵;有的则打破铁饭碗,以俸禄为生,成为自由职业者。"士竞于教"⑮,多受过礼、乐、射、御、书、数"六艺"之教。偏重于射、御等武术的为武士,充任下级军官,如孔丘的父亲叔梁纥即为武士;偏重于礼、乐、书、数等文术的为文士,担任文吏,如老聃曾任周守藏史(王室图书馆馆长),孔丘曾任委吏(会计)。

春秋末期以后,士逐渐成为知识阶层的通称,人们不再追究其在宗法等级中的身份,庶众皂隶因"积文学,正身行"⑯而上升为士的,屡见史载。如淳于髡便由赘婿而为"稷下学宫"的名士;虞卿原为草鞋挑担的苦人,后来成为赵国上卿。"布衣卿相"在春秋、战国间已不罕见。作为有专业知识的人才,士为公卿大夫所倚重。齐桓公(?—前643)、

>>> "布衣卿相"在春秋、战国间已不罕见。作为有专业知识的人才,士为公卿大夫所倚重。齐桓公、晋文公等春秋霸主都以招贤纳士著称。图为明代佚名《晋文公复国图》。

晋文公(前697—前628)等春秋霸主都以招贤纳士著称;战国时公卿大夫更竞相争取士人,最著名的"养士"贵族是齐国的孟尝君(？—前279)、赵国的平原君(？—前251)、魏国的信陵君(？—前243)、楚国的春申君(？—前238)。"四公子"门下豢养食客数千,多为有某种才能技艺的士人。而士的向背,确乎关系列国盛衰,故有士"入楚楚重,出齐齐轻,为赵赵完,畔魏魏伤"⑰之说。

春秋战国间的士,是继殷商、西周的巫史之后的又一个知识阶层。春秋以降礼崩乐坏的社会变动,使士人从沉重的宗法枷锁中解脱出来,他们不再像巫史那样全然依附于王室,而赢得了相对的人格独立。精神产品在王官内制作的状况,逐步转变为由知识阶层中某些个人独立创作,百家之学遂应运而生。

与昔日的巫史和同时代的其他阶层相比,士在一定程度上挣脱了身份羁绊,形成新的品格——

一 胸襟博大,以天下为己任

士不同于一般社会成员,他们能超越自身经济地位的狭隘限制,而有坚定执着的志向,"无恒产而有恒心者,唯士为能"⑱。士不以个人生活安逸为念,"士而怀居,不足以为士矣"⑲。其怀抱开阔,"士不可不弘毅,任重而道远"⑳。先秦诸子的理想各不相同,对"道"的诠解也大有差异,但以弘道为务,则是各家士人的共同特点,"诸子纷纷,则已言道矣……皆自以为至极,而思以其道易天下者也"㉑。孟轲放言

>>> 春秋时,作为贵族下层、庶人之上的士,多为卿大夫家臣,有的保留封地,所谓"大夫食邑,士食田",不脱贵族余韵;有的则打破铁饭碗,以俸禄为生,成为自由职业者。"士竞于教",多受过礼、乐、射、御、书、数"六艺"之教。

"天之将降大任于斯人也"②,正表达了战国士子以天下为己任的豪迈心态。

二 政治参与意识强烈

春秋战国的士,虽然主张各异,却无不有着炽烈的政治参与愿望。孔丘三月无君,则惶惶不可终日,他还声言"苟有用我者,期月而已可也,三年有成"③。孟轲奔走于王侯之间,并宣布"如欲平治天下,当今之世舍我其谁"④,急于向社会和执政者推荐自我,以图一展抱负。墨翟及其弟子则直接拿起武器,出智尽力,参加宋国的自卫战争。即使"其学以自隐无名为务"⑤的老聃,其实也深切关注社会政治乃至军事斗争;放任自然以"逃虚空"的庄周,却有"应帝王"的种种设计。至于法术之士,与政治的关系更为直接,战国列强先后兴起的变法,如魏国的李悝变法、楚国的吴起变法、韩国的申不害改革、秦国的商鞅变法,其策划者乃至主持者多由这派士人担当。

三 道德自律严格

春秋战国的士,当然有朝秦暮楚、寡廉鲜耻之徒,但更涌现出许多终生不渝追求理想的高人义士,这与当时正在兴起的道德自律有关。例如,儒士崇仁尚义,倡君子行,有一种超越物质享受的精神追

黃瘦瓢老子出關圖

以書為沈尚書藏物至可珍南海游存叟士康有為題

>>> 春秋战国的士，虽然主张各异，却无不有着炽烈的政治参与愿望。即使"其学以自隐无名为务"的老聃，其实也深切关注社会政治乃至军事斗争。图为清代黄慎《老子出关图》。

求,以"君子喻于义,小人喻于利"自励㉑。墨家推崇的"兼士",交相利,兼相爱,为道义可以"赴火蹈刃,死不还踵"㉒。法士则循名责实,严正无私,一断于法。

时代呼唤人才,人才推进时代。先秦士子群体,应时而兴,才俊辈出。思想家如老聃、孔丘、墨翟、孟轲、庄周、邹衍、荀况、韩非,政治家如管仲、子产、晏婴、商鞅,军事家如吴起、孙武、孙膑,外交家如蔺相如、苏秦、张仪,史学家如左丘明,诗人如屈原、宋玉,论辩家如惠施、公孙龙,医家如扁鹊,水利家如李冰、郑国,天文家如甘德、石申,可谓群星璀璨,蔚为大观。

这是一个需要巨人而且产生了巨人的时代。在世界古代史上,就学术人才出现的密集度和水平之高而论,与中国春秋、战国的士人群体可以并肩比美的,大约只有古希腊的群哲。

第三节
诸子争鸣·和而不同

　　殷商、西周的"官学"转变为东周的"私学",进而发展为各种学派。各学派的创始人及主要思想家称"子"。先秦诸子以春秋末年的孔墨显学勃兴为开端。而诸子正式形成,并竞相争鸣,则在战国年间。其时之所以出现文化多元发展的盛况,至少与三个因素有关。第一,春秋战国去古未远,保有较多原始民主的遗存,因而"处士横议"[29]尚未如后世那样被视作大逆不道。第二,周天子尸位素餐,列国各行其是,所谓"诸侯力政,时君世主,好恶殊方"[29],政治多元为文化多元提供了条件,正如荀子所说:"诸侯异政,百家异说,则必或是或非,或治或乱。"[30]第三,正因为政治的及观念的权威尚未树立,而原始民主遗风犹存,故当年士子普遍富有批判精神。孔子有"苛政猛于虎"的评论;墨子怒斥"今王公大人""至其国家之乱,社稷之危"[31];孟子则认定推翻暴君是正义行动;老子谴责"圣人不仁,以百姓为刍狗";韩非子则对"上无道揆,下无法守"的现实给予抨击。这种犀利的社会批判精神增强了诸子学说的锐利性。

　　近代学者王国维在《论近年之学术界》中,对战国诸子竞起的因

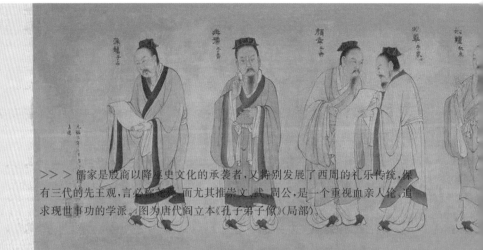

>>> 儒家是殷商以降历史文化的承袭者,又特别发展了西周的礼乐传统,保有三代的先王观,言必称尧舜,而尤其推崇文、武、周公,是一个重视血亲人伦,追求现世事功的学派。图为唐代阎立本《孔子弟子像》(局部)。

由有一精要说明:

> 自周之衰,文王、周公势力之瓦解也,国民之智力成熟于内,政治之纷乱乘之于外,上无统一之制度,下迫于社会之要求,于是诸子九流各创其学说。

西汉史家司马谈将先秦诸子分为阴阳、儒、墨、名、法、道德六家②;西汉末年刘歆又将诸子归为儒、墨、道、名、法、阴阳、农、纵横、杂、小说十家③。就思想成就而言,足可称道者主要有如下几家——

一 儒家:"复礼"与"归仁"

儒家是殷商以降巫史文化的承袭者,又特别发展了西周的礼乐传统,保有三代的先王观,言必称尧、舜,而尤其推崇文、武、周公,是一个重视血亲人伦、追求现世事功的学派。创始人为孔子(前551—前479),学说记载于由其弟子及再传弟子整理的《论语》中,要旨是"礼"与"仁"。礼指宗法制度下的行为规范,孔子要求人们以礼约束自己,"非礼勿视,非礼勿听,非礼勿言,非礼勿动"④,并自我克制,以达到礼的要求,此即"克己复礼"⑤。如果说,礼是外在规范,仁便是思想内核,只有礼的外形,而无仁的实质,则毫无意义,"人而不仁,如礼何"⑥?孔子从西周已出现的"仁"这一概念,发挥出多重含义,如"仁者爱人"⑦"孝弟也者,其为仁之本与"⑧等。总之,从思想深处强化宗法血缘纽带是"仁"的精义所在,也是儒学区别于其他诸子的显著特征。

孔子身后，儒分为八，较重要的是"孟氏之儒"，即孟子一派；和"孙氏之儒"，即荀子一派。

孟子(约前372—前289)承袭曾参(前505—前436)、子思(前483—前402)，侧重发展孔子的仁学，力主"法先王"，阐扬"王道""仁政"理想，并以人性善作为仁政说的人性论基础。孟子还发挥《尚书》"民为邦本"及《左传》的重民轻神思想，倡言"民贵君轻"，将民本主义推向高峰。其学说载于《孟子》。

荀子(约前313—前238)承袭仲弓，侧重发展孔子的礼学，力主"法后王"，通过礼与法规范社会，达到"一天下"目的，人性恶则是其礼学的人性论基础。荀子是先秦思想的综会者，奠定秦汉帝国文化的基石。其学说载于《荀子》。

二 墨家："兼爱"与"尚同"

墨家与儒家在先秦同为"显学"。其创始人墨子(前478—前392)曾研习儒学，后来反戈一击，成为儒学最强劲的反对派。墨家学说载于《墨子》。墨子及其门徒多出身游侠和工匠，作为庶众代表，他们不满殷周以降的等级秩序，抨击维护这种等级秩序的儒家。墨家从克服社会弊端的需要出发，提出自己的学说："国家昏乱，则语之尚贤、尚同；国家贫，则语之节用、节葬；国家熹音湛湎，则语之非乐、非命；国家淫僻无礼，则语之尊天、事鬼；国家务夺侵凌，则语之兼爱、非攻。"③墨学与儒学的最大差异在于，以"兼"代"别"，以普遍之爱也即"兼爱"

>>> 墨家与儒家在先秦同为"显学"。其创始人墨子曾研习儒学,后来反戈一击,成为儒学最强劲的反对派。墨家学说载于《墨子》。墨子及其门徒多出身游侠和工匠,作为庶众代表,他们不满殷周以降的等级秩序,抨击维护这种等级秩序的儒家。图为当代庞茂琨、刘晓曦、王朝刚、郑力、王海明《战乱中的墨子》。

取代儒家的等差之爱,认为"天下兼相爱则治"[40];而实现兼爱的前提是"尚同",也即对"义"的同一理解。此外,与儒家"不语怪力乱神"相对,墨家讲"天志""明鬼",企图借助天的意志推行尚贤、尚同,为下层民众争取生存权利。墨家切近民事劳作,故其知识论重实证,其逻辑思想开辟中国逻辑史的先河,"墨辩"与希腊形式逻辑、印度因明学相并列,为世界古典逻辑的三大流派。《墨经》还记载科学技术知识,在几何学、光学、力学等领域多有卓见。

墨子身后,墨家分化为相里氏之墨、相夫氏之墨、邓陵氏之墨三派。由于墨家的平民性不见容于秦汉以降的专制政治,其学衰微,墨家渐被理解为游侠。中绝两千年的墨学,到晚清才重新被人垂顾,其平等要求和科学实证精神,在近代中国再度闪耀光辉。

三 道家:"无为"与"自然"

道,本义为道路,引申为规律或宇宙本源。以"道"为学说核心内容的学派称道家。创始人老子(约前580—前500),其思想在战国时经过后学搜集、修订成《道德经》(后来又称《老子》)。老子的社会政治和人生主张是"无为",认为"无为"方可"无不为";其战略观是"柔弱胜刚强"。道家以"自然"为最高范畴,"人法地,地法天,天法道,道法自然。"[41]认为儒家的仁义礼智使人陷入"大伪",主张"绝圣弃智",复归于人的本性,走向"自然"。

庄子(约前369—前286)承袭老子思想,更进而导向虚无和相对主

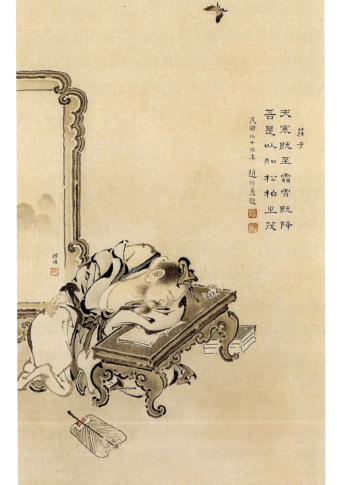

>>> 庄子承袭老子思想，更进而导向虚无和相对主义，其学说载于《庄子》。图为近现代俞明《庄周梦蝶》。

义,并在老子"出世"的基础上,倡"超世""顺世""游世",认为"虚己以游世"㊷是人生最高境界,而"心斋""坐忘"则是达到这种境界的修炼办法。其学说载于《庄子》。道家的"出世"与儒家的"入世"共同构筑中国式的人生态度,士大夫进可"入世",治国平天下;退可"出世",归隐林泉。统治者既可用儒家学说求得文治武功,又可用道家学说确保休养生息。"儒道互补",组成中国文化的基本框架。

四 法家"变法"与"专制"

"法"与"礼"同为古代法权形式,但礼讲上下尊卑之"别",而法讲"范天下之不一,而归之于一"㊸的"齐"。宣扬并推行"法"的学派,便是法家。法家起源于春秋的管仲(？—前645)、子产(？—前522),前期代表为战国初年的李悝(前455—前395)、吴起(？—前381)和商鞅(约前390—前338),其思想的主题是"变法",力主以今法取代古礼,声言"治世不一道,便国不必法古"㊹,背弃儒、墨、道所崇奉的先王观,而倡导历史进化论。后期代表为战国末年的韩非子(约前280—前233),他是荀子的学生,又承继老子法术和前期法家的刑名法术之学,提出以法为本,法(政令)、术(策略)、势(权势)三者结合的"南面术",以充作"帝王之具"㊺,并辅之以赏(德)罚(刑),使帝王能利用众智、众力,集大权于一身,"操杀生之柄"㊻。《史记·老子韩非列传》载,秦王嬴政读韩非书,感叹道:"寡人得见此人,与之游,死不恨矣。"而中国第一个一统帝国——秦王朝,确乎是以法家代表作《商君书》和《韩非子》

提供的专制主义君主集权政治蓝图建造的。汉代以降各王朝,虽因法家赤裸裸宣布专制,而不便公开张扬其旗帜,但法家的"法"与儒家的"礼"同样为历代帝王所惯用。两汉以降帝王的典型形象是——一手捧着儒家经典,宣示教化;一手高举法家利剑,厉行专制。

除儒、墨、道、法这几种或为当时"显学",或为后世思想主潮的学派之外,先秦还有一些学派亦颇有建树。如又称"辩者""刑名家"的名家,以"控名责实"为务,讨论概念(名)与事实(实)的关系。其代表人物惠施(约前370—前310)主张"合同异",强调事物的同一性;公孙龙(约前325—前250)主张"离坚白",强调事物的差异性。名家对中国逻辑思想的发展有特殊贡献。

又如研讨军事的兵家,分兵权谋家、兵形势家、兵阴谋家、兵技巧家,代表人物有孙武(约前545—约前470)、孙膑(约前380—前325)、尉缭(战国中期)。孙武及后学所著《孙子兵法》把战争提到"国之大事,死生之地,存亡之道"的高度,确立一系列观照久远的战略、战术原则,将军事辩证法发挥到极致,被尊为"百世兵书"。孙膑及后学所著《孙膑兵法》特别强调战争规律("道"),包括对民心向背、敌情、天时、地形的把握,是一部杰出的兵书。先秦兵家不仅影响军事学至远至深,其丰富的谋略思想也为各行各业所借重,时至现代,更成为世界各国竞相研习的"中国智慧"。

再如阴阳家,倡"阴阳五行"说,代表人物邹衍(约前305—前240)在木、火、土、金、水五行相生相克观念的基础上,提出"五德终始"说,对中国政治和社会心理皆有广泛影响。

先秦诸子争鸣,当然不乏党同伐异的激昂和偏执,但那一时代的文化主导精神是"和而不同"。《国语·郑语》指出:

>>> 孙武及后学所著《孙子兵法》把战争提到"国之大事,死生之地,存亡之道"的高度,将军事辩证法发挥到极致,被尊为"百世兵书"。图为孙武见吴王阖闾,吴王知道他能用兵,拜他为大将。

> 夫和实生物,同则不继。以他平他谓之和,故能丰长而物归之;若以同裨同,尽乃弃矣。

"和而不同"表现在学术风气上,便是承认差异,既不封闭,也不盲从,对前人和外人的思想加以扬弃、综合。先秦诸子各有性格,如儒的醇厚、墨的谨严、道的超逸、法的冷峻、名的致密、阴阳的流转,绝无雷同,各自独步千古;然而,诸子又并非各不相及、自闭门户,他们遵循"和而不同"路线,广采博纳,在融通的基础上攀登新的学术高度。如荀子以孔子儒学为主宗,又吸纳法家思想,批判诸子各派,礼、法兼治,王、霸并用,成为古代思想的综合者。韩非子师承荀子,改造老子学说,统合前期法家思想,而集其大成;成书于战国晚期的《易传》更综会儒学各派,又吸纳道、法、阴阳诸家,全篇洋溢着儒家的刚健有为精神,又蕴含墨家、法家式的冷静和道家、阴阳家的辩证思维,体现了"天下同归而殊途,一致而百虑"⑩的一与多的统一。

"和而不同"是诸子竞存的晚周学术的精义所在。这一优良传统,后来虽一再被文化专制所压迫摧折,却始终不曾泯灭,时如地火潜行,时如热泉奔涌,使中华文明得以生生不息。

第四节

文化域分

　　文明作为历史产物,是在特定时间和空间中发展的。文明古今沿革,有其时代性;文明因环境之别,又有地域性。而周代封国林立,更强化了上古以来的文化区域分野,所谓"越人安越,楚人安楚,君子安雅,是非知能材性然也,是注错习俗之节异也"㊽。春秋时吴国公子季札观乐于鲁,已能准确辨别卫风、齐风、唐风等不同乐曲的地域格调。㊾中国最早的诗歌总集《诗》的《国风》部分按十五个地区汇编诗歌,显示各地风土人情之异,倡文化地域类分的先声。

　　先秦诸子林立,其学派性来源于纵横两方面。就纵向而言,诸子皆承继某先哲统系;从横向而论,诸子又各获域分特色——儒、墨以鲁为中心,儒家传播于晋、卫、齐;墨家则向楚、秦发展。道家源于南方楚、陈、宋,后北上于齐。法家源自三晋,成就于秦。阴阳家从燕发端,在齐拓展。周、卫则盛产纵横家。

　　文化的域分,是一个流动的过程,它始自上古,而定型于晚周。春秋战国间蔚然成风的有以下几种地域文化——

一　齐鲁文化

周初吕尚(姜太公)封齐侯,领泰山以北地区,都于营丘(今山东临淄北);周公长子伯禽封鲁侯,领泰山以南地区,都于曲阜。故"齐鲁"约指当今山东。远在新石器时代,"东夷"在这里创造大汶口—龙山文化,农业及制陶业都处于领先地位。夏、商时期,这里虽非居主流,却仍是经济、文化较发达的区域。而周初大封建,周公后裔受封于鲁,其礼仪规格与周天子同级,保有仅次于周天子的礼器典册。春秋时,周王室名存实亡,周的礼乐文化唯鲁国保留完好。春秋霸主晋国派韩宣赴鲁,"观书于大史氏,见《易》《象》与《鲁春秋》,曰:'周礼尽在鲁矣。吾乃今知周公之德与周之所以王也。'"[50]。足见华夏文明中心已移往齐鲁,尤其是鲁国。故管仲、孔丘、墨翟、孟轲、孙武、邹衍等巨子,诞生于齐鲁也就无足为怪了。

齐鲁文化由齐文化和鲁文化构成。齐、鲁两国毗邻,共同"股肱周室,以夹辅先王"[51]。两国公室间长期通婚,都以华夏文明正宗承绪者自居,注意保存典籍,重视教化。齐文化与鲁文化又各有特色。鲁文化依本周礼,质朴务实,尊重传统,成为原始儒学的温床;齐文化依循周礼又多变通,呈现华丽活泼、开放创新的风格,稷下学宫开设一百余年,儒、道、墨、法、名、兵、阴阳、纵横诸家荟萃一堂,成为诸子争鸣的重要场地。

概言之,稷下多辩士,邹鲁产圣人。齐文化兼有阴阳家的空灵和儒家、法家的注重功利,鲁文化则呈现周孔之学肃穆、理智的风范,以后弥盖中原,披及百代,成为中华文化的正宗。

二 三晋文化

西周初,成王灭唐,封弟弟叔虞于此,为唐公。唐后改称晋。春秋时,晋国一再成就霸业。战国初,韩、赵、魏三家分晋,故称"三晋",地括今山西全境及河南中北部、河北中南部。三晋位居中原,较早使用铁器,经济文化发达。春秋时,"晋国一鼓铁以铸刑鼎,著范宣子所为刑书焉"[②],成文法诞生,是法家的策源地。三晋人李悝、慎到(约前395—前315)、申不害(约前385—前337)分别是魏、赵、韩的变法主将;吴起、商鞅原籍三晋,后到楚、秦推行变法;而韩国公子韩非更是法家的集大成者。赵国偏北,民风强悍,所谓"燕赵多慷慨悲歌之士",又与胡人邻接,有赵武灵王"胡服骑射"[③]的壮举,开学习域外文化之先河。

三晋是中原逐鹿之地,"韩,天下之咽喉;魏,天下之胸腹"[④],权术捭阖的纵横家遂在此生发,著名者有洛邑人苏秦(?—前284)、魏人公孙衍、张仪(?—前310)等。

三晋表里山河,风俗质实俭约,有唐虞遗风,而慷慨、毅武奇节之士多出其间;这里又位处要冲,是角逐智勇之地,故顺时言变、鼓舌论纵横者亦应运而生。

>>> 周初吕尚(姜太公)封齐侯,领泰山以北地区,都于营丘(今山东临淄北);周公长子伯禽封鲁侯,领泰山以南地区,都于曲阜。齐、鲁两国毗邻,都以华夏文明正宗承绪者自居,注意保存典籍,重视教化。齐文化与鲁文化又各有特色。齐文化兼有阴阳家的空灵和儒家、法家的注重功利,鲁文化则呈现周孔之学肃穆、理智的风范,以后弥盖中原,披及百代,成为中华文化的正宗。图为宋代刘松年《渭水飞熊图》。这幅画描绘了一个典故:西伯侯夜梦一虎肋生双翼,来至殿下。周公解梦谓"虎生双翼为飞熊",必得贤人,后果得贤人姜太公。他名尚,字子牙,道号飞熊。当时姜尚正在渭水之滨垂钓。

三 秦文化

秦地以今陕西关中、汉中为核心,东起函谷关,西达陇中。秦人先世是居于西戎间的嬴姓部落,西周中叶受封为附庸。西周覆亡,秦襄公(?—前766)救周有功,平王始封诸侯。"秦僻在雍州,不与中国诸侯之会盟,夷狄遇之。"与东方长期疏离,使秦文化自成格局,其特色是功利主义鲜明。秦人津津乐道于农战、攻伐、垦荒、开塞、徕民等与国计民生直接相关的问题,不屑于仁义礼乐的讲究,更无意于驰骋古今的玄思,故人称"秦国之俗,贪狼强力,寡义而趋利"。秦国缺乏严格的宗法制度,"亲亲""尊尊"意识淡薄,加之统治者力图强盛,遂大批引进人才,百里奚(约前725—前621)、商鞅、张仪、公孙衍、白起(?—前257)、范雎(?—前255)、吕不韦(?—前235)、尉缭、王翦、李斯(?—前208)等富于文韬武略者从东方列国涌来,其才智得以充分施展,使秦国"移风易俗,民以殷盛,国以富强,百姓乐用,诸侯亲服"。

秦处西陲,文化积淀不厚,而民风劲拔,勇于进取,励精图治的法家学说在此找到实施的最佳环境,后进之秦,遂迎头赶上,终于创造扫六合、一天下的伟业。秦文化不以文学优游、哲理创建见长,却以功利追求、法纪严明、实绩恢宏著称。

四　楚文化

秦文化、三晋文化、齐鲁文化位处黄河流域上、中、下游，组成华夏文明雄浑壮阔的北支；楚文化则以长江中游为核心地带，造就华夏文明幽丽清奇的南支。

早在商、周之际，楚之先祖芈姓荆人鬻熊立国于今湖北荆山一带，其重孙熊绎在周成王时被封，立"楚"为国号。东周时，楚地指今湖北、湖南、河南、安徽等地，楚文化影响整个南中国。

西周以降，中原地区巫术式微，而偏居南国的楚人却继续"信巫鬼，重淫祀"，长于幻想玄思。以"虚无"为取向，"其言洸洋自恣"⑤的道家发祥于楚地，也就势在必然了。

楚地山川绮丽，民族混杂，巫风盛行，文明与蒙昧交织，这一切又孕育了浪漫主义文学。一如意趣幽远、想象奇特、章法变幻的庄子散文；二如屈原（约前340—前278）、宋玉创造的骚体诗歌——楚辞。

楚辞的代表作是屈原的《离骚》。这是一部带有自传性质的长篇政治抒情诗，"屈原放逐，乃赋《离骚》"，"'离骚'者，犹'离忧'也"⑥，其间流露出对祖国、人民的深情，表达了追求真理、同恶势力斗争、九死不悔的精神。《离骚》将《诗》的比、兴引类手法发挥到极致："善鸟香草，以配忠贞；恶禽臭物，以比谗佞；灵脩美人，以媲于君；宓妃佚女，以譬贤臣；虬龙鸾凤，以托君子；飘风云霓，以为小人。"⑦故《离骚》"较之于《诗》，则其言甚长，其思甚幻，其文甚丽，其旨甚明，凭心而言，不遵

>>> 楚辞的代表作是屈原的《离骚》。它是一部带有自传性质的长篇政治抒情诗。图为明代陈洪绶《屈原像》。

矩度。故后儒之服膺诗教者,或訾而绌之,然其影响于后来之文章,乃甚或在三百篇以上"㉛。

屈原的其他作品也各有特色,如《九章》思君念国,随事感触;《九歌》记楚人崇祀,想象丰富;《天问》纵论天地人文,奇矫活突;《招魂》描写四方神奇,炫目惊心。屈原弟子宋玉的《九辩》《风赋》《高唐赋》《神女赋》铺张排比,文辞艳丽,开"极声貌以穷文"的汉赋之先河。

晚周地域文化,富有特色的还有吴越文化、巴蜀滇文化、燕文化等,它们与齐鲁文化、三晋文化、秦文化、楚文化共同构成纷繁多姿的华夏文明。岁月沧桑,世代变更,但域分造成的文化多样性,始终是后人取之不尽的人文资源。

>>> 屈原的其他作品也各有特色,如《九章》思君念国,随事感触;《九歌》记楚人崇祀,想象丰富;《天问》纵论天地人文,奇矫活突;《招魂》描写四方神奇,炫目惊心。图为宋代李公麟(传)《九歌图》。

第五节

重民轻神与民贵君轻

春秋战国是一个以"力"竞存、以"势"取胜的时代,"强凌弱,众暴寡"的社会现实,尤其是剧烈的兼并战争,使人们意识到天命鬼神不足依凭,提供赋役兵源的民众才是力量源泉;胜负并不靠卜者的预测,而全赖实力与智慧。遂有《孙子·九地》篇一类"禁祥去疑"破除迷信的哲言产生。

科学知识的进步,也冲淡着对神明的信仰。大约成书于汉代却反映晚周成就的《周髀算经》和《九章算术》表明"数"走下巫术的神坛,成为教育"国子"的"六艺"(礼、乐、射、御、书、数)之一;春秋战国间天文、历法也有突出进展,如鲁国史官对恒星和日食的观测,甘德对二十八宿的确定,鲁史与周内史对"有星孛入北斗"的观测(此为世界上关于哈雷彗星的最早记录)揭去天象的神秘面纱,并展示出人类理性认识世界的能力;扁鹊等良医用药石治病,较巫觋的装神弄鬼有效得多……科学技术的每一次进展,都意味着人从神权中赢得解脱。

晚周铁器及牛耕逐渐普及,社会生产力长足发展,要求劳动者在生产中表现出某种主动性,因而,注重民力、保障民众生存权益,成为一种时代要求。

上述一切,使东周文化主潮发生重大变迁。如果说,"重鬼尚巫"是殷商的文明精神;那么,经过西周"尊天敬德"的转折,到东周,经验理性高扬,进一步摆脱殷商的神权巫风,虚置神格,注重民意,"重民轻神"成为这一历史段落的文明精神。而对这种文明精神阐扬有力的是《左传》与《孟子》。

成书于战国初年的《左传》反映了春秋战国之际的社会思潮,提出"夫民,神之主也"②,以及"民之所欲,天必从之"③的命题。《左传》记载并肯定邾文公(？—前614)、郑子产(？—前522)、齐晏婴(？—前500)等"重民"政治家的言行要旨——关注民心向背,不再留意上苍的恩宠与惩罚。

《左传》的民本思想,重点放在摆脱"神"的桎梏,肯认"民"的作用;而成书于战国中期的《孟子》则在君民关系问题上强调"保民而王"。《孟子·尽心下》载称:

> 孟子曰:"民为贵,社稷次之,君为轻。是故得乎丘民而为天子,得乎天子为诸侯,得乎诸侯为大夫。"

这里提出"民为国本"的思想,社稷(政权)为民而立,君主又系于民和社稷的存亡,由此引出"政得其民"的结论。这是站在君本位立场上,肯定"民"的重要性。

由"重民轻神"和"民贵君轻"这两个相互呼应的命题构筑的民本主义,不仅流播晚周,而且泽及后世,成为中华文化精神的重要组成部分。周秦以降,华族中虽有宗教流行,却始终未曾陷入全局性的宗教迷狂,与"重民轻神"传统有关;自秦汉起专制君权日趋强化,而能够与

>>> 孟子提出"民为国本"的思想,社稷为民而立,君主又系于民和社稷的存亡,由此引出"政得其民"的结论。图为近代黄山寿《择里三迁》。

之对应,成为一种平衡力量的经典观念则是"民贵君轻"。汉代的"文景之治"、唐代的"贞观之治"等"盛世"的出现,除综合性社会因素的促成外,民本主义中的"轻刑薄税""制民之产"等训言的指导作用也是显而易见的。至于一批忧国忧民的骚人、墨客在挥写揭露社会弊端的诗篇时,晚周民本思想影响的痕迹更显而易见。杜甫"朱门酒肉臭,路有冻死骨"的名句,正透现着《孟子》"庖有肥肉,厩有肥马,民有饥色,野有饿莩"的余韵流风!

第六节

元典的订定与发扬

世界各主要文明民族都在公元前6世纪前后的几百年间(约当中国的西周和东周),创作出包蕴着该民族基本精神的文化元典,如印度的《吠陀》《佛经》、希伯来的《旧约全书》、希腊的《理想国》《形而上学》等先哲典籍。中华文化元典——《诗》《书》《礼》《易》《春秋》也在此间脱颖而出。这批典籍初步建立了中国人的价值取向、公理体系和思维模式,如"天人之辨"方面循天道、尚人文、远鬼神、近俗世的特征;"发展观"方面通变易、守圜道的特征;"伦理—政治论"方面崇教化、求经世的特征;"君民之辨"方面民本与尊君两翼一体的特征,都对两千多年的历史进程发生了深刻影响。因此,元典初创于西周,又在东周订定发扬,这是中华文明史上的一件具有战略意义的大事,至今影响深远。

《诗》《书》《易》等中华元典的初级制作处所在西周王官。如作为商周王室文献汇编的《书》,多出自史官手笔,又由王室文化官员汇编成册;《诗》是"行人"等文化官员所采集,由太师总纂;《易》的卦画符号和解释经文,也成于西周。然而,"学在官府"的西周是一个典籍的集体制作阶段,只有进入晚周,当士摆脱王室附庸地位,赢得个体自觉以后,中华元典方开始了由文化专门家带着学派意识加工整理、阐释发扬的新阶段。

自《史记》开始,传统的说法多把孔子视作中华元典的著述和编订者,称孔子"述《易》道而删《诗》《书》,修《春秋》而正《雅》《颂》"㊽,几成通行之论。而详考元典成书经过可以发现,"仲尼未生,已有六经;仲尼之生,不作一经"㊾,孔子并非元典创作者,而是传述者,在孔子之先,《诗》《书》《春秋》及《易》的经文已有文本,而《诗》《书》《礼》《易》《春秋》的传世本,迟至战国以至汉初方确定下来。其间荀子一派儒者的"传经"之功尤著,"秦汉儒生所学习的'五经'及其解说,大都来自于荀子"。

需要特别指出的是,元典并非儒家所专有,其他战国诸子也多出入元典,诚如刘熙载《艺概》所说:"九流皆托始于'六经'。"今人陈钟凡更具体罗列诸子与元典的关系:

> 儒家助人君顺阴阳,明教化,游文于六艺之中,留意于仁义之际,其学本六经,无待论矣;道家历记成败存亡祸福古今之道,然后知秉要执本,清虚自守,卑弱自持,合于尧之克攘、易之嗛嗛,则其学本于《周易》;阴阳家敬顺昊天,历象日月星辰,敬授民时,则其学本于《尚书》;法家信赏必罚;名家正名辨物,其学本于《礼》《春秋》;墨家贵节俭,右鬼神,《礼经》恭俭庄敬之学也;小说家街谈巷语,道听涂说者之所造,大师陈《诗》观民风之旨也。㊿

这里所论诸子与"五经"的对应关系当然不一定准确,但认为诸子渊源于元典,又发展了元典,则是可信之论。明清之际哲人黄宗羲

>> > 传统的说法多把孔子视作中华元典的著述和编订者,而详考元典成书经过可以发现,孔子并非元典创作者,而是传述者,在孔子之先,《诗》《书》《春秋》及《易》的经文已有文本。图为明代仇英《孔子圣迹图·删述六经图》。

在《明儒学案》中说得好:"盖道,非一家之私。圣贤之血路,散殊于百家。"

经由晚周诸子的追索与创造,元典所包蕴的三代文化精华从"简单同一"向"丰富多元"转化,从而为秦汉间学术文化从"多"到"一"的整合奠定了广阔的基础。

注释：

①②《论语·季氏》。

③④《庄子·天下》。

⑤《礼记·表记》。

⑥《庄子·天下》。

⑦《礼记·礼运》。

⑧《左传·昭公十七年》。

⑨《论语·微子》。

⑩ 汪中：《述学·周官征文》。

⑪《史记·老子韩非列传》。

⑫《史记·孔子世家》。

⑬《国故论衡》。

⑭《国语·晋语四》。

⑮《左传·襄公九年》。

⑯《荀子·王制》。

⑰《论衡·效力篇》。

⑱《孟子·梁惠王上》。

⑲《论语·宪问》。

⑳《论语·泰伯》。

㉑ 章学诚：《文史通义·原道中》。

㉒《孟子·告子下》。

㉓《论语·子路》。

㉔《孟子·公孙丑下》。

㉕《史记·老子韩非列传》。

㉖《论语·里仁》。

㉗《淮南子·泰族训》。

㉘《孟子·滕文公下》。

㉙《汉书·艺文志》。

㉚《荀子·解蔽》。

㉛《墨子·尚贤中》。

㉜见《史记·太史公自序》。

㉝见《汉书·艺文志序》。

㉞㉟《论语·颜渊》。

㊱《论语·八佾》。

㊲《孟子·离娄下》。

㊳《论语·学而》。

㊴《墨子·鲁问》。

㊵《墨子·兼爱上》。

㊶《老子·二五章》。

㊷《庄子·山木》。

㊸《说文》。

㊹《商君书·更法》。

㊺㊻《韩非子·定法》。

㊼《易·系辞下》。

㊽《荀子·荣辱》。

㊾见《左传·襄公二十九年》。

㊿《左传·昭公二年》。

㉛《国语·鲁语上》。

㉜《左传·昭公二十九年》。

㊽ 见《史记·赵世家》。

㊾ 董说:《七国考·韩都邑》。

㊿ 《史记·秦本纪》。

㊽ 《淮南子·要略》。

㊾ 《史记·李斯列传》。

㊿ 《史记·老子韩非列传》。

㊾ 《史记·屈原贾生列传》。

⑥⓪ 王逸:《楚辞章句》。

⑥① 《汉文学史纲要》。

⑥② 《左传·桓公六年》。

⑥③ 《左传·襄公三十一年》。

⑥④ 《隋书·经籍志一》。

⑥⑤ 《六经正名答问一》,见《龚自珍文集》。

第四章

一统整合

——秦、汉

祈望四海一家、万邦协和,是中国人早在先秦即已形成的一种心理趋向。东周是文明多元生发阶段,但其时已孕育着文化整合的力量:"尊王攘夷"成为春秋霸主竞相揭起的旗帜,孔子常发"复周"之论,墨子倡言"一同天下之义",都表现出社会向往统一与秩序。处在"诸侯力政"时代的孟子更有"定于一"[①]的横议,荀子则呼唤"四海之内若一家"[②];成文于战国的《书·大禹谟》,托名夏禹"奄有四海,为天下君",实则显示晚周人对统一国家的渴想;成文于战国晚期的《禹贡》,划分九州,展示出一统国家的政区设计。当然,追求国家统一,整合多元文化,在春秋战国还只是哲人的理想和社会的趋势,这理想与趋势到秦汉方变成制度性现实。

国家统一,使多元文明整合的速度与力度加强;而整合后的一统文化,具有强大的凝聚力和向心力,又反过来增进政治一统。秦汉四百余年间,这二者互相推助,形成互补机制,其效应是:统一被认为是合理的、正常的,分裂被认为是违理的、反常的。秦汉文化造成的这一定势,惠及此后两千多年的中国历史。

第一节
"一天下"与书同文、行同伦

公元前3世纪末叶,秦王嬴政(前259—前210)"续六世之余烈,振长策而御宇内"③,用十年时间,先后灭亡韩、魏、楚、赵、燕、齐六国,建立中国历史上第一个君主专制的中央集权国家,"秦王扫六合,虎视何雄哉"④!然而,急政暴虐使农夫揭竿而起,始皇帝希冀传之万世的秦朝,仅历十五年(前221—前206)便二世而亡,是中国历史上最短促的统一王朝。不过,如骤风闪电般来去匆匆的秦朝,其确立的统一国家的专制集权制度与整合文化的努力,却垂之久远,为后世列朝所沿袭;"秦"作为一个早已覆亡的朝代称谓,至今仍以中华文明共同体的代号流播世界,西洋的China,东洋的"支那"都是"秦"变音后的音译。

从文明史角度省视,秦朝的伟绩在于给中华文明共同体的大厦奠定坚固的基石,尽管是通过政治暴力这一"恶"的杠杆得以实现的。

"六国毕,四海一",秦朝立即实施一系列强化国家统一的政治变革:

——兼取古代"三皇""五帝",称制"皇帝",较之以往的"王"更显无上尊严高贵。

——朝廷设"三公"(丞相、太尉、御史大夫)"九卿"(奉常、郎中令、卫尉、太仆、宗正、典客、少府、治粟内史、廷尉),使政权(丞相主持)、军权(太尉主持)、监察权(御史大夫主持)分治,以相互制约而统归皇帝辖制。

——废除世卿世禄制,实行朝廷任命的、非世袭的官僚制。

——废除分封制,实行郡县制。郡设郡守,县设县令。县下为乡,乡下为亭,亭下有里,邻里连坐,组成严密的垂直统治网。

这样,通过郡县制将地方权力集中到朝廷,又通过三公九卿制将朝廷大权集中到皇帝手中,实现了韩非"要在中央"⑤的构想。

与上述"一天下"的政治变革相配合的,还有一系列文化举措,改变战国时"田畴异亩、车涂异轨、律令异法、衣冠异制、言语异声、文字异形"⑥的格局。

一 书同文

殷商以降,文字逐步定形,西周官方文字金文,形制已比较一致。晚周诸侯坐大,文字呈域分趋势。秦统一后,朝廷诏书发至桂林,当地人均不能识,这当然有碍中央政令的推行,于是秦始皇令李斯主持统一文字工作。李斯在周代"大篆"基础上,吸取齐鲁蝌蚪文笔画简省的优点,创制形体匀圆齐整的"秦篆",又称"小篆",颁行全国。与此同时,狱吏程邈根据民间流行的简化字,创制字形扁平的字体,受公文传抄者"徒隶"的欢迎,后称"隶书",已与现时字体相近。"书同文"使辽

>> >秦王嬴政用十年时间,先后灭亡韩、魏、楚、赵、燕、齐六国,建立中国历史上第一个君主专制的中央集权国家,"秦王扫六合,虎视何雄哉"!图为中国历史上第一个统一王朝的皇帝秦始皇。

阔疆域内文化传播不再有语文隔阂。

二　车同轨

战国时,各国车辆形制不一,道路宽窄有异,又有域堡林立、关隘阻隔,交通极不便利。秦统一后,下令拆除障碍,以京师咸阳为中心,向东、南、北修三条驰道,宽五十步,又统一全国车轨轨距为六尺,方便了从京师到各地的交通。

三　度同制

战国时,各国货币不一,度量衡五花八门。秦朝规定货币分黄金(上币)和铜钱(下币)两种。铜钱圆形方孔,以半两为单位(俗称"秦半两")。又下令沿用商鞅所制量器和尺子,衡器略有变更,并颁布统一度量衡的诏书,凡制造度量衡器,都要刻上诏书全文。度同制为经济活动提供划一的标准。

四　行同伦

为统一全国的文化心理,推行严刑峻法,"以法为教",并在各地设

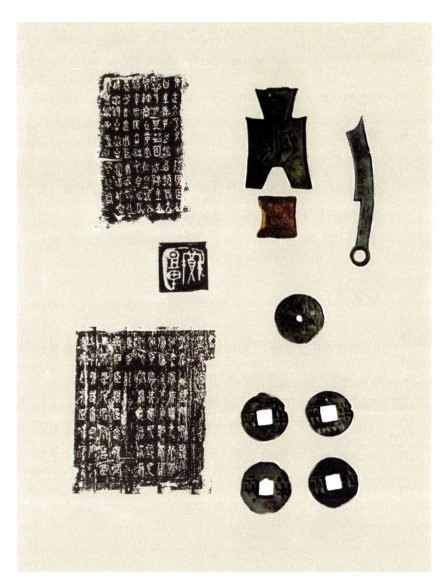

>>> 与"一天下"的政治变革相配合的,还有一系列文化举措,改变战国时"田畴异亩、车涂异轨、律令异法、衣冠异制、言语异声、文字异形"的格局。图为秦统一后的文字、度量衡、货币。

置专掌教化的乡官,名曰"三老",以使"黔首改化,远迩同度"[7],是为"行同伦"。

五 地同域

废除西周以来的封邦建国制,打破地区壁垒,又通过大规模移民,开发边境,传播中原文明,是为"地同域"。

六 修秦律

在秦国原有刑法基础上,吸纳六国有关法律条文,制定秦律。秦律已佚失,1979年湖北云梦睡虎地出土的竹简上可见其部分条文,有关于治盗和要求各级官吏依法行事的规定,都十分严厉。

秦朝统一文化的举措,以强化专制君主集权为目的,增进了秦帝国版图内广阔地域人们社会生活乃至文化心理的同一性,从而为中华文明共同体的形成奠定坚实基础。

第二节

从"焚书坑儒"到"独尊儒术"

天下一统的秦帝国不仅采取一系列具体措施,巩固专制政体,而且力图确立权威思想,以保证人们从精神上归附其万世一系统治。

寻求一统思想的努力,早在战国中后期便已开始。荀子、韩非子、吕不韦等人便是综合百家、铸造一统思想的代表人物。成书于秦即将完成统一大业之际的《吕氏春秋》明确提出:"故一则治,异则乱;一则安,异则危"⑧。此为中华文明由晚周之"多"转向秦汉之"一"的先声。

《吕氏春秋》以"杂家"面貌试图统一天下观念。秦始皇取得"履至尊而制六合"的空前胜利后,其极端集权地位和使家天下万世永传的妄念,使他毫不犹豫地倾向于力倡绝对君权的法家学说,以之作为"别黑白而定一尊"的武器。

嬴政称帝之初,曾将六国文籍收蓄咸阳,集中文学博士清理之,"欲以兴太平"⑨。但这批儒士每以古学非议时政,令秦朝统治集团如芒刺在背。前213年(秦始皇三十四年),李斯上奏,建议——

非秦记皆烧之。非博士官所职,天下敢有藏《诗》《书》,百家语者,悉诣守尉杂烧之。有敢偶语诗书者弃市。以古非今者族。吏见知不举者同罪。令下三十日不烧,黥为城旦。所不去者,医药卜筮种树之书。若欲有学法令,以吏为师。⑩

这便是"焚书"之举,也是中国图书"九厄"之首。自此,晚周私学传统中断,文化、教育再度由官府垄断,思想原野上诸子争鸣的生动局面变得万马齐喑。

秦始皇的暴行当然引起儒生、方士的不满,他们批评秦始皇"刚戾自用""以刑杀为威"。一些奉旨为其寻觅不死仙药的方士逃亡,秦始皇严令追缉,诸生又转相引告,牵涉四百六十余人,被坑杀于咸阳。此为"坑儒",开大规模迫害思想异己的恶例。

在反秦战争中建立起来的汉朝(西汉、东汉),为巩固君主专制,继续寻觅统治思想。汉初,社会需要休养生息,主张自然无为的黄老之术盛行,儒法两家也有相当影响。黄老思想提供汉初"与民休息"政策的理论基础,但对强化中央集权无所助力;法家虽是专制政治的直接论证者,但一味严刑峻法的弊害已被秦朝二世而亡所证实;儒家则从总结秦朝速灭的教训入手,指出徒法不足为治。汉初儒生陆贾、贾谊(前200—前168)等在儒家旗帜下吸纳法家,试图建立融儒法为一体的统治思想。

至汉武帝(前156—前87)时期,政治稳定、经济繁荣的一统帝国统合文化、确立一统思想的时代要求更紧迫地提出。正当此际,有"汉代孔子"之称的董仲舒(前170—前104)三次应诏上书,成"天人三策",就古今治乱之道和天人关系问题,力陈己说。董氏以儒学为主

>>> 有"汉代孔子"之称的董仲舒三次应诏上书,成"天人三策",就古今治乱之道和天人关系问题,力陈己说。图为董仲舒像。

宗,杂糅阴阳五行及法家的某些观念,以神学论证皇权和专制秩序的永恒性。公元前140年,董仲舒在"天人三策"中建议以经他改造的儒学作为专制帝国的统治思想——

> 今师异道,人异论,百家殊方,指意不同,是以上亡以持一统。……臣愚以为诸不在六艺之科、孔子之术者,皆绝其道,勿使并进。邪辟之说灭息,然后统纪可一而法度可明,民知所从矣。⑪

与董仲舒同时,丞相卫绾也有类似上书。其后,丞相窦婴(？—前131)、太尉田蚡(？—前131)也"俱好儒术"。

汉武帝同汉初诸帝一样,皆"霸王道杂之",儒法兼用;加之武帝即位初由倡导黄老之术的窦太后掌权,故董仲舒的建策并未被采用,至公元前135年(武帝建元六年),窦太后去世,董仲舒的建策才逐步得以推行,成为西汉中期以后文化主潮。

对比李斯、董仲舒前后映照的两篇名论,可以发现——

董仲舒"罢黜百家,独尊儒术"的主张,就对"六艺之科"(诗、书、礼、乐、易、春秋)的态度而言,与李斯建议秦始皇焚烧《诗》《书》截然相反,但其运思路向却如出一辙:他们都力主禁绝异端,维护帝王的一统意志。董仲舒和李斯历来被人们放在对立阵营加以评价,其实,他们两位都是在专制一统帝国建立后设计"大一统"思想体系、整合文化形态的谋士智囊。当然,与以暴力消灭异端,倡言"以吏为师"的李斯相比,董仲舒要成熟得多,他反对滥施强暴而高扬"崇儒更化"的旗帜,寻找到与地主制经济、宗法专制政体最相契合的文化形态——包容阴阳家及法家的新儒学。这一学说不仅被武帝以下汉代君王所接受,而且在此后两千年间,历代王朝虽然选用过各种精神武器,但经过反复改造的儒家一直被视作正宗。

法家学说虽被历代帝王实际运用,其"更法"主张间或也为改革家所借助,但公开宣扬专制的法家为帝王士大夫所忌讳,自两汉以迄明清,儒家学说才是运行于庙堂和江湖的显学及精神轴心。

李斯失败了,董仲舒成功了。但就总体言之,秦汉整合多元文化的努力获得历史性的胜利。

第三节

经学与经今古文之争

与儒学独尊相联系的,便是先秦时并不专属儒家的"古之道术"渊薮——《诗》《书》《礼》《易》《春秋》,从汉代开始被独奉为儒家经典,正式称为"五经";以后又续补,成"七经""九经""十三经"。

"经"在战国曾作为一般典籍通称,《庄子·天运》有"诗、书、礼、乐、易、春秋六经"之说,《荀子·劝学》有"始乎诵经,终乎读礼"之说,这里所谓的"经"或泛指各类书,或有"经典"内蕴,但尚无"法定经典"意义。汉初,文帝(前202—前157)始置"经博士","经"已初具法定经典之意;武帝建元五年立"五经博士",并推行"以经取士"的选官制度,公孙弘(前200—前121)治《春秋》为相封侯。以经师居相位的还有韦贤、韦玄成父子,匡衡,张禹(?—前5),翟方进(?—前7),贡禹(前124—前44),薛广德,孔光(前65—后5),马宫,平当,子晏等。西汉宣帝(前91—前49)亲自于石渠阁与"五经"诸儒宣讲经书;东汉章帝还就白虎观经学论辩裁成定论;灵帝于熹平四年,诏群儒校定"五经",又令蔡邕(132—192)主持,以隶书刊五经于石碑,此即"熹平石经"。帝王的提倡,天下学士多靡然风从,传经之学和注经之学成为专门学问,

>>> 与儒学独尊相联系的,便是先秦时并不专属儒家的"古之道术"渊薮——《诗》《书》《礼》《易》《春秋》,从汉代开始被独奉为儒家经典,正式称之"五经"。图为明代杜堇《伏生授经图》。

这便是两汉至明清的官方哲学——经学[12]。

武帝以后,经学被推尊为统一天下思想的官方哲学,但是,经学内部却发生分化,出现延续两千年的经今文与经古文之争。

秦火使先秦典籍遭到一大浩劫。西汉初年,重修文治,开始发掘整理古籍。其时官方博士所教授的儒家经典用流行文字抄写,故称"今文经"。

武帝末年,鲁恭王拆除孔子后代住宅,从墙壁内发现《尚书》《礼记》《论语》《孝经》,凡数十篇,均用先秦古籀文写成,故称"古文经"。此后,河间献王、刘歆等人也发现各种古文经。

经今古文之争,开始表现在经书的文字、版本、篇目之别和真伪之辨上,以后更引申出学术观点和方法的重大分歧。要言之,今文经学的视角是政治的,讲阴阳灾异,着重发掘经文背后的微言大义;古文经学的视角是历史的,讲文字训诂,究明典章制度,着重探讨经文本义。前者主合时,后者主复古。前者学风活泼,又往往流于空疏荒诞;后者学风朴实,却常常失之烦琐。

西汉中后期,今文经学居官学地位,今文诸经中以《春秋公羊传》尤被重视,称公羊学,其大师为董仲舒,他力倡"天人感应"、阴阳五行、黑白赤三统循环。两汉之际,今文经学发展出谶纬神学,神秘主义极一时之盛。

西汉末年,古文经学逐渐传播开来。古文经学首创者刘歆(?—23)推崇《周礼》《左传》,但未获朝廷认可。王莽(前45—后23)改制以《周礼》为本,故古文经学自王莽摄政后扶摇直上,东汉时已居正宗,古文经学家贾逵(30—101)、许慎(约58—约147)、马融(79—166)各自在某一领域做出重要贡献。东汉末年,马融的学生郑玄(127—200)遍注

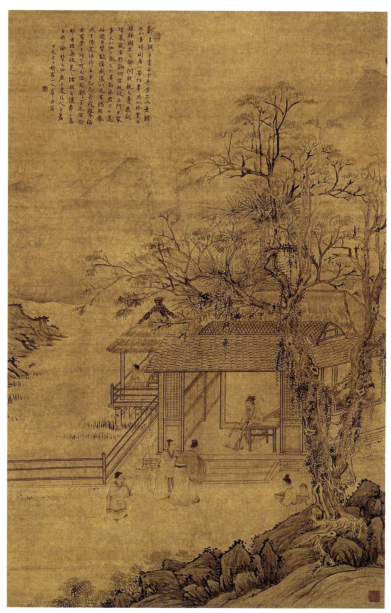

>>> 东汉末年,马融的学生郑玄遍注古、今文群经,综会今古文经学,集两汉经学之大成。图为清代华嵒《郑玄诫子图》。

古、今文群经,综会今古文经学,集两汉经学之大成。后世(特别是清代)推崇的"汉学",即指两汉经学,尤其服膺东汉古文经学考镜源流、辨章学术的治学路线。至于那种不能脱离对经典的依傍,以注经、释经透露己见的"经学方式",更造成中国人的思维习惯,影响中华文明可谓至远至深。

在经学家之外,汉代也出现过融会诸家,富于综合、创造精神的思想家,如西汉淮南王刘安(前179—前122)招宾客合著《鸿烈》(后称《淮南鸿烈》,即《淮南子》),以道家为本位,兼纳道、法、阴阳,成为"子学"的殿后之作;扬雄(前53—后18)仿《论语》作《法言》,仿《周易》作《太玄》;东汉王充(27—约97)"博通众流百家之言"[⑬],以"疾虚妄"的战斗精神,抨击盛行其时的谶纬之学和神学目的论,其学均超出经学范围。

第四节

边患·长城·丝路

栖息于阴山以北荒漠草原的匈奴,是我国北方的一个古老民族。他们以游牧为生,善骑射,勇猛剽悍,很早就与中原华夏族交往,战国时期便从中原人那里学会制造铁器,并利用骑兵神速的特点,深入黄河流域抢掠,构成战国至秦汉数百年间的"边患"。赵武灵王(前325—前299)时曾在河套一带设九原郡御胡。战国末年,赵、秦间争战激烈,匈奴乘机占领河套及以南地区。前214年(秦始皇三十三年),将军蒙恬(？—前210)率三十万军队北伐匈奴,收复河套,并沿黄河设四十四个县。

秦亡后,楚汉间数载争战,匈奴单于头曼出兵占据河套以南地区。头曼的儿子冒顿(音漠毒)做单于后,向东征服东胡,向西战败月氏,统治西域诸部;又北灭浑庾、屈射诸部,南并楼烦、白羊各部,拥兵三十万,成为汉朝强劲对手。公元前201年,冒顿单于围攻韩王信,韩王信降,冒顿骑兵入山西中部。次年,汉高祖(前247—前195)亲率三十余万步兵迎击匈奴,在平城白登山(今山西大同东南)陷入重围,受困七天方得突围。此后,汉朝对匈奴采取"和亲"政策。景帝(前

188—前 141)时,晁错(前 200—前 154)总结战国秦汉以来御胡经验,建议"徙民实边",亦兵亦农。至武帝时,国力昌盛,遂转而武装进攻,消灭匈奴军事有生力量。汉匈间前后交战多次,其中大将军卫青(? —前 106)、骠骑将军霍去病(前 140—前 117)出击匈奴,奠定对匈奴的军事优势。此后,匈奴统治集团内部攻杀、分裂,南匈奴臣属汉朝。东汉时,汉匈战端再起,公元 89 年,车骑将军窦宪(? —92)率汉军大破北匈奴单于,匈人西迁,长达三百余年的汉匈战争告终。

由流动而善战的生活方式所决定,游牧人在与农耕人的争斗中多占主动,"来如飙风,去若闪电",使以安居乐业为旨趣的农耕人防不胜防。为了护卫自己的文明系统,中原农耕人在与游牧区交界线上修筑防御工事,这便是长城。

战国时,各国竞相修筑长城,分"互防"和"御胡"两类。秦灭六国后,一方面拆除互防长城,以利统一;另一方面,为防范匈奴南袭,命蒙恬沿黄河、阴山设立亭障要塞,北面和东面利用赵、燕御胡长城,西面利用秦昭王时的御胡长城,并补修间缺,使之连接成西起临洮(今甘肃岷县),东到辽东,绵延近万里的长城,用夯土筑成。这条秦长城,在今见砖石垒砌的明长城以北很远的地方,说明农耕—游牧的边界线秦时较宋时以后靠北几百里。

汉武帝时,又建起两千多里长的河西长城,与秦长城相加,从敦煌到辽东,共长一万一千五百多里。昭帝、宣帝又续修长城,最后筑起一条西起今新疆,东到黑龙江北岸,全长近二万里的长城。沿途城堡相连,烽火相望,蔚为壮观。

如果说,修筑长城是中原农耕人抗衡北方游牧人的一种防御性静物制作,那么,开辟丝绸之路,则是汉帝国拓展性的动态行为。

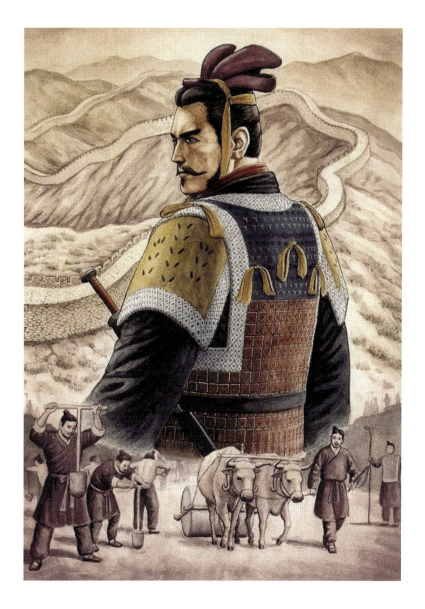

>>> 为了护卫自己的文明系统,中原农耕人在与游牧区交界线上修筑防御工事,这便是长城。

丝绸之路的开辟,首先归功于张骞(?—前114)的"凿空"西域。

西汉初,匈奴击败月氏,月氏西迁中亚(今新疆伊宁附近),建立大月氏国。汉武帝为征伐匈奴,企图联合大月氏夹击匈奴,于是征募穿越匈奴领地寻觅月氏的使者,郎官张骞应募出使西域,第一次历时十三年,到达大宛(今乌兹别克斯坦东部)、大夏(今阿富汗北部)、大月氏(今塔吉克斯坦及克什米尔)、康居(今土库曼斯坦);第二次历时四年,除遍历中亚外,还派副使与安息(波斯)取得联系。张骞一行了解到西域各族的联系。张骞将这些情况报告汉武帝,《史记·大宛传》载其主要内容。东汉时,又有班超(32—102)通西域之举,其部将甘英还远抵西海(波斯湾)。

张骞通西域后,汉朝与西域各国使者往来不绝。宣帝时,在乌垒城(今新疆轮台东北)设西域都护府,统领和管辖西域诸国。

汉朝中叶以后,与西域各族的贸易日渐发展,汉朝修筑令居(今兰州西北)以西道路,形成通往中亚、西亚的两条商路,一为天山北路,一为天山南路。西域商人把中亚、西亚产品,如蚕豆、黄瓜、大蒜、胡萝卜、胡桃、葡萄、西瓜、石榴以及汗血马、骆驼、驴,运到中原,同时,西域歌曲、舞蹈、乐器、魔术、雕刻、绘画也随之传入中原;汉朝以丝绸为主的各种商品运往西域,又由中亚商人转运欧洲大秦(罗马帝国)。中国丝绸被罗马贵族视为珍品,称中国为"丝国"。这条东西贯穿的商路,便被称作"丝绸之路"。此外,中国的炼钢技术、掘井法也由丝路传入欧洲。

丝路成为洲际海运开通以前,沟通亚欧大陆东西两端文明的主要通道。

>>> 张骞应募出使西域,第一次历时十三年,到达大宛(今乌兹别克斯坦东部)、大夏(今阿富汗北部)、大月氏(今塔吉克斯坦及克什米尔)、康居(今土库曼斯坦);第二次历时四年,除遍历中亚外,还派副使与安息(波斯)取得联系。图为敦煌莫高窟壁画《张骞出使西域图》。

第五节
佛教东来与道教创立

两汉官方推崇的儒学以阴阳谶纬之说释经,已包含浓厚的神学成分。但因先秦原始儒家人文传统的制约,两汉儒学毕竟没有成为宗教。总之,中国"敬天法祖"的传统宗教有教而无学,儒学有学而无教,二者又相对分离,于是,专制帝国对宗教神学的渴求只得另觅补充。这便是外来宗教的引入和本土宗教的创立。

丝绸之路的开辟,导致南亚佛教的东传。

佛教创始人乔达摩·悉达多(前565—前485)约与孔子同时,原为毗罗卫国(今尼泊尔南部)净饭王的太子,他不满于维护种姓制度的婆罗门教,又对人世生、老、病、死诸种苦恼深感不安,遂出家修行,领悟到苦、集、灭、道"四谛",以及"十二因缘",终于觉悟成道,信徒尊称其为"释迦牟尼"(释迦族的圣人)或"佛"(觉悟者),他所建立的宗教便称佛教。印度孔雀王朝阿育王(前273—前232在位)立佛教为国教,并派遣传教师到中亚、西亚传播佛教,使之扩展为一种世界宗教。佛教向外传播有北传和南传两个路向。南传以小乘佛教为主,北传以大乘佛教为主。秦汉之际,佛教开始在中亚各国流行。

>>> 佛教创始人乔达摩·悉达多约与孔子同时,原为毗罗卫国净饭王的太子,他不满于维护种姓制度的婆罗门教,又对人世生、老、病、死诸种苦恼深感不安,遂出家修行,终于觉悟成道,信徒尊称其为"释迦牟尼",他所建立的宗教便称佛教。图为清代释目存《三教图》。

公元前 2 年,即西汉哀帝元寿元年,大月氏使臣伊存首次将浮屠(佛)经传入中国,博士弟子景卢从伊存那里听到对佛经的讲解。但佛教正式传入中国,在公元 67 年,即东汉明帝永平十年。明帝派蔡愔、秦景到印度访求佛法,从大月氏带来印度僧人迦叶摩腾和竺法兰,明帝令其在洛阳建白马寺,翻译佛教典籍。白马寺是中国第一座佛教寺院,故称中国佛教"祖庭"。

佛教宣扬慈悲普度、善恶报应、轮回转世,认为只要依法修行,便能脱离苦海,进入"常乐我净"的涅槃境界。这一切颇能满足人们的终极关怀,故在中国迅速流传。东汉末,徐州造大佛寺,佛堂能纳三千人,僧众多达五千人户,足见其发展规模。东汉间,佛经翻译日多,形成"安译"和"支译"两系列。安译指安息(波斯)人安世高系所译的小乘佛经;支译指大月氏人支娄迦谶系所译的大乘佛经。

佛教作为一种外来宗教,自然有一个中国化的过程。东汉时主要是与黄老道结合,当时社会流传老子入夷狄为浮屠之说,把佛教说成是老子西行后创立的。汉桓帝刘志(132—167)还在宫中设浮屠黄老之祠,拼合佛道。佛与黄老结合,是中国人试图使佛教中国化的开端性努力。

与佛教传入大体同时,中国本土宗教——道教创建。

道教的渊源有三:(一) 古代的鬼魂崇拜;(二) 战国以来的神仙方术,尤其是庄子抒写的"不食五谷,吸风饮露,乘云气,御飞龙,而游乎四海之外"[13]的神仙说;(三) 秦汉的黄老道。道教成为一个有教义、教主、经典、组织的人为宗教,时在东汉。顺帝年间(126—144),宫崇到洛阳投献据称是他老师于吉所著《太平青领书》一百七十卷,此即《太平经》,后来成为道教主要经典。大约同期,张陵学道于鹤鸣山,据

《太平经》造作道书二十四篇,自称出于太上老君口授,并参酌巴蜀少数民族的信仰,创立道教。因入道须交纳五斗米,称"五斗米道",教人悔过奉道,又以符水咒语治病。教徒尊张陵为天师,故又称"天师道"。东汉末,张角(?—184)、张梁(?—184)兄弟倡"大公平",立"太平道",为民间道教一派,是汉末黄巾起义的组织者。

　　道教的基本信仰——"道",被释作宇宙本原,是"灵而有性"的"神异之物"。这是对《老子》五千言讲的"道"所作的宗教阐发。道教尊奉的"三清",便是"道"的人格化。道教修行的终极目标是"得道成仙",使人返本还原,与道合一,成为灵魂常在、肉体永生的神仙。长生久视,全性葆真,却又不放弃人生享乐,是道教的一大特色。道教对中华文明有多侧面影响,其炼丹术积累丰富的化学知识,其长生术中的吐纳导引对医学颇有进益;此外,对文学艺术乃至民俗,道教都提供一种底蕴。故鲁迅说:"中国文化根底全在道教……以此读史,有许多问题可迎刃而解。"⑮

第六节

天算・地学・医学・司南・造纸术

两汉四百年间,经济相对平稳发展,形成古典科技的一个高峰。

为适应农业生产的需要,并满足帝王"应天承运"的侈心,朝廷集中人才对天文历法进行观测研究,取得显著成就,《史记·天官书》《汉书·五行志》保存着汉代天文知识。在天文观测基础上,汉代形成两种宇宙结构说——盖天说与浑天说。前者认为天如盖,地如盘,天覆盖地;后者认为天地都是圆的,天在外,如蛋壳,地在内,像蛋黄。浑天说接近天地实情,据此说,能大体推算和观测日月星辰的度位。东汉张衡(78—139)还发明观测天象的"浑天仪"。

与天文学直接相连的算学,汉代也成绩斐然。其内容传自先秦的《周髀算经》即成书于西汉。成书东汉中期的《九章算术》,其中《方程》处理了三元一次和四元一次联合方程式问题,早于印度四百年,早于欧洲一千三百年;《勾股》提出勾方股方之和等于弦方的勾股定理。

地学在汉代也有进展。长沙马王堆帛书中"长沙国南部舆地图",是现存最早的大比例尺实用地图。班固的《汉书·地理志》是中国第一部以疆域、政区为主体的地理著作,内容翔实准确,其对各级政区户口的统计,为世界最早。张衡的"候风地动仪"是地学仪器的天才创造,该仪能在短期内测出地震的时间、方位与强度,西方一千七百年后才造出类似仪器。

汉代是古代医学的重要经验集成期,其代表作是战国时开始编纂、西汉修订充实成书的《黄帝内经》和《难经》。《黄帝内经》包括《素问》和《灵枢》,用朴素唯物主义观点解释生命起源、疾病成因、形神关系,并在各器官的相互关系,生理与心理、人与疾病等关系的问题上,做辩证分析,奠定中医理论的基石。《灵枢》还记述了针刺技术。东汉末张仲景(150—219)著《伤寒论》《金匮要略》,强调"辩证施治"。名医华佗长于外科,用麻沸散做全身麻醉,又精于针灸,他还编"五禽戏",提倡体操运动。

中国闻名世界的"四大发明",其中指南针、造纸术两项成于汉代。

战国时已有关于磁石性能的认识,《管子》《吕氏春秋》均记载明确。《韩非子·有度》说"先王立司南以端朝夕",则是指南针的最早文字叙述。东汉王充更详论司南:用天然磁石磨制而成,其形如勺,底圆,置于平滑盘上,勺柄就自动转向南方⑯。这是世界上对指南针制法、结构和功能明确无误的最早的记述。

纸的发明是人类文字载体的一次革命。在植物纤维纸出现前,中国人的书写材料用过龟甲、兽骨、金石、竹木、缣帛等,它们或失之笨重,或过于昂贵。中国在汉代已发明造纸术,制作出轻便价廉的书写佳品,实在是对文明事业的一项伟大贡献。

习惯说法是,东汉蔡伦发明造纸术。其实,西汉初期的麻纸是现存世界最早的植物纤维纸。这种纸1957年在西安灞桥出土,新疆罗布淖尔,甘肃居延,陕西扶风,甘肃敦煌、天水也有西汉麻纸发现,足见

>>> 名医华佗长于外科,用麻沸散做全身麻醉,又精于针灸,他还编"五禽戏",提倡体操运动。图为日本歌川国芳《华佗刮骨疗伤治病图》。

早在公元前2世纪中国不仅已发明造纸术,而且纸已广泛使用。公元105年,东汉宦官蔡伦(？—121)完成造纸技术的革新,用树皮、麻头、破布、渔网做材料制纸,质量提高,成本下降,史称"蔡侯纸"。纸于3世纪传入越南,4世纪传入朝鲜,5世纪传入日本,8世纪经中亚传入阿拉伯,进而传入欧洲。公元1150年,西班牙萨地瓦建欧洲第一家造纸厂,距蔡伦造纸一千年。

第七节
宏阔的文史创作

秦王朝是与欧洲的罗马、南亚的孔雀王朝鼎足而三的世界大国,汉王朝则是与罗马帝国东西并峙的巨峰。秦皇、汉高创建的帝国,不仅疆域阔大、国力强盛,而且洋溢着一种亢奋的拓展精神。规制壮丽、胸襟豪迈,是秦汉文化精神的主旋律。这既体现在物质文化的建造上,诸如万里绵延、千秋巍然的长城,"履压三百余里,隔离天日"的阿房宫,气势磅礴的始皇陵及其兵马俑,规模大于明西安城近十倍的汉长安城,霍去病墓前雄浑的"马踏匈奴"石雕……同时还体现在观念文化产品的创作上,其代表便是"苞括宇宙,总览人物"的汉赋,以百科全书式的眼光观照古今的《史记》。

赋产生于战国末期,接受纵横家游说之词及楚辞的影响,盛行于汉代。赋与楚辞比较,诗的成分减少,散文成分增多;抒情成分减少,咏物叙事成分加多。如汉初贾谊(前200—前168)作《吊屈原赋》,抒发怀才不遇心情;景帝时的枚乘(?—前140)《七发》假托吴客与有病的楚太子相互问答,动之以情,喻之以理;西汉中叶,司马相如(前179—前117)的《子虚赋》《上林赋》以极夸张的手法和富丽的文字,

>>> 西汉中叶,司马相如的《子虚赋》《上林赋》以极夸张的手法和富丽的文字,描写天子游猎场面,丽句与辞采并流。图为明代仇英《上林图》。

描写天子游猎场面,丽句与辞采并流。汉赋铺张扬厉的文风,适应汉帝国"润色鸿业"的需要,所谓"天子以四海为家,非壮丽无以重威",江山的奇伟、城市的繁盛、商业的发达、物产的丰饶、宫殿的巍峨、帝王的雍容与宏图,无不在赋中得到酣畅淋漓的夸扬,显示出汉帝国扩张、进取的气象。当然,这种文体成为给帝王歌功颂德的工具,渐渐脱离社会人生,趋于形式化和空洞化。汉以后,赋的衰落便成为必然。

汉代的散文也有宏大气象。贾谊的《陈政事疏》《过秦论》,晁错的《言兵事疏》《论贵粟疏》,纵论时政,鞭辟入里,文采斐然,鲁迅称之"西汉鸿文""沾溉后人,其泽甚远"⑰。

两汉史学也显现一种特别宏阔的气势。司马迁(前135—?)胸怀"究天人之际,通古今之变,成一家之言"的雄伟目标,"网罗天下放矢旧闻,略考其行事,综其终始,稽其成败兴坏之纪"⑱,完成洋洋五十万余言的《史记》,首创纪传体通史,上溯黄帝、下及当世的三四千年历史总括一书,以人物为中心,分纪(以帝王为主轴的大事记)、表(帝王将相年表)、书(各种典章制度及科技知识汇编)、世家(诸侯国历史及重要历史人物传记)、列传(历史人物传记、各少数民族历史),涉及经济、政治、军事、民族、思想、文化、社会风貌,成一百科全书式规制。从历史文学而论,《史记》也达到出神入化的境界,写人物,项羽、刘邦栩栩如生;写战争,火牛阵、垓下之战惊心动魄;写事件,荆轲刺秦王、完璧归赵热烈充实,富于变化,诚为"史家之绝唱,无韵之《离骚》"⑲。

东汉班固(32—92)因袭《史记》纪传体而撰《汉书》,断代为史,"究西都之首末,穷刘氏之废兴,包举一代,撰成一书。言皆精炼,事甚该密"⑳。《史记》为通史开山,《汉书》为断代史初祖,以后诸正史均仿其体例。这两部博大的首创性史著,皆成于两汉,正是宏阔而富于创意的秦汉文化精神的体现。

注释：

① 《孟子·梁惠王上》。

② 《荀子·议兵》。

③ 贾谊：《过秦论》。

④ 李白：《秦王扫六合》。

⑤ 《韩非子·扬权》。

⑥ 许慎：《说文解字·叙》。

⑦ 《芝罘刻石》。

⑧ 《吕氏春秋·不二》。

⑨⑩ 《史记·秦始皇本纪》。

⑪ 《汉书·董仲舒传》。

⑫ "经学"一词最早见于《汉书·儿宽传》："见上，语经学。上说之，从问《尚书》一篇。"

⑬ 《后汉书·王充传》。

⑭ 《庄子·逍遥游》。

⑮ 鲁迅：《致许寿裳》。

⑯ 见《论衡·是应篇》。

⑰⑲ 《汉文学史纲要》。

⑱ 司马迁：《报任少卿书》。

⑳ 《史通·六家》。

第五章

乱世裂变

——三国、两晋、南北朝

"话说天下大势,分久必合,合久必分。"① 这种分合转化不仅表现在国家政治上,文化进程也大体遵循此例——殷商、西周是一元官学时代;东周则离析出多元私学;秦汉又力加整合,几经试验,终于定型为以儒为宗、兼纳道法阴阳的一元帝国文化;魏晋南北朝近四百年间(185—581),社会破碎,一元帝国文化随之崩解。这种"分而合,合而分"的周期性转换,并非平面式的循环往复,乃是螺旋式上升的过程,每一次"分",意味着文化朝丰富多元发展;每一次"合",意味着文化向深刻综会迈进。而魏晋南北朝再次出现的文化多元走向,则是对经学弥漫的两汉一元帝国文化的反动,是人文自觉的一次生动耀现。

第一节
社会动荡与名教危机

东汉末年的黄巾起义和董卓之乱,是一个分崩离析时代的开端。此后四百年间,豪族拥兵割据,王室贵族叠相杀戮,北方胡人乘势大规模进入中原,兵连祸结,政权变更频繁:先有魏、蜀、吴三国鼎立;继起的西晋统一(265—316),仅维持半世纪即演为离乱。在北方,先有十六国割据,后有北魏、东魏、西魏、北齐、北周的嬗递;在南方,则有东晋、宋、齐、梁、陈的更迭。

与汉帝国集权政治崩溃同步,魏晋以降世家大族崛起,其庄园自成社会,不仅经济上自给自足,"闭门而为生之具以足"[②],而且拥占兼宗法、军事、生产性的私人武装——部曲。这使得豪族具有参与政权的充分条件,而脆弱的朝廷不得不依靠并拉拢豪族。于是,出身门第成为参政的首要因素。魏文帝曹丕(187—226)开始推行的"九品中正制",由门阀士族代表出任州郡"中正",中正根据家世、才德将辖区人才列为九品,上报朝廷,朝廷按品级任官。这是有利门阀士族参政的制度,造成政治贵族化和权力分散的大势。

庄园经济导致的割据性,使朝廷对学术的干预弱化,而"山岳崩溃"式的社会离析,更令人"悟兴废之无常",哀"人生若尘露",连一代雄才曹操(155—220)也发出"对酒当歌,人生几何"的苍凉悲鸣,这与乐观进取的秦汉文化精神全然另成格调。随之而来的,便是经学与名教的衰颓。

经学在两汉享有"国宪"地位,士人"咸资经术",然而,魏晋间"汉师拘虚迂阔之义,已为世人所厌""公卿士庶罕通经业"③。魏帝曹髦(241—260)巡视太学,以经学史上一系列自相矛盾的问题反复诘难经师,令经师瞠目结舌。这与汉代帝王亲临太学讲经恰成反照。

与经学式微相联系的是名教危机。名教,即以正名定分为主要内容的礼教。它以儒家哲理化的伦理学说为内涵,以承继西周宗法礼制的程式化礼仪规则为形式。两汉是名教定型时期,其标志便是"三纲""五常"的提出。名教的伦理规范和礼仪程式全然围绕"君为臣纲,父为子纲,夫为妻纲"以及"仁义礼智信"展开。然而,魏晋南北朝间社会动荡的风暴,使纲常名教受到空前强劲的冲击。

"夫君臣父子,名教之本也。"而恰在君臣、父子伦常问题上,魏晋间名教遇到严重挑战。

对"君为臣纲"提出责难的是"非君论"和"无君论"。"竹林七贤"之一的阮籍(210—263)所著《大人先生传》说:"君立而虐兴,臣设而贼生。坐制礼法,束缚下民。"东晋鲍敬言则以为"古者无君,胜于今世",力主取消国君,建立"无君无臣"的乌托邦社会。④

"父为子纲"也遭到魏晋人非议。祢衡(173—198)曾与孔融(153—208)交谈:"父之于子,当有何亲?论其本意,实为情欲发耳。子之于母,亦复奚为?譬如寄物瓶中,出则离矣。"这类言论在礼教盛行的汉代是不可想象的,出自孔子后裔参加的谈话更难设想。

>>>
在魏晋,"父为子纲"也遭到祢衡、孔融等人的非议。图为清代徐扬《让梨图》。

士人的放达,是当时礼法废弛的原因和结果。《世说新语》记载其时名士"皆以任放为达",追求感官刺激甚至散发裸身以饮;妇女也一反"妇德",游山玩水,饮酒谈玄,"代子求官,为夫诉屈"[5]。

经学式微,名教危机,标志着儒学陷入困境,所谓"儒者之风益衰""为儒者盖寡"[6],代之而起的便是"玄风独振"[7]。

第二节

玄学·清谈

"玄"有深奥、玄妙之意,所谓"玄之又玄,众妙之门"[⑧]。《老子》《庄子》《周易》"总谓三元"[⑨],而这三部典籍正是魏晋学人依据的文本,故其学称之"玄学"。这一称谓,早在晋宋人笔下已可得见,如"云本无玄学,自此谈老殊进"[⑩];"为丹阳尹,更置玄学于南郊外"[⑪]。

玄学伏流于两汉,而正式创始人则是曹魏时的何晏(?—249)与王弼(226—249)。何晏著《道德论》,王弼作《易注》《老子注》,用老庄思想糅合儒家经义,倡言"贵无",认为"无"是一切事物的根本,作为具体事物的"有",皆生于无。"贵无"运用到社会政治领域,便是以无为本,以有为用,无是自然,有是名教,"名教出于自然"。

西晋时,向秀(约227—272)和郭象(252—312)注《庄子》,修正何晏、王弼的观点,认为"有"是自然存在,并不生于"无",因而"名教即自然",论证现存社会关系和政治制度合乎天道自然。

玄学开辟了一个思辨时代,名士们剖玄析微,"注而不竭",在论辩中有通(正面解释议论)、有难(发难致诘)、有胜(辩论取胜)、有屈(辩论失败),"兼辞条丰蔚,甚足以动心骇听"[⑫]。由此形成清谈风格。

清谈,亦称"清言"或"玄言",上承汉末清议,从品评人物转向以谈玄为主,用老庄思想诠释儒家经义,摈弃世务,专谈玄理。由魏、晋延及齐、梁,士人争相慕效,往往"至暮忘餐,理竟不定"。其弊端是往往流于"利口谀辞",转堕"口耳之学";其长处是发展哲理思辨,开出疑义相析的风气,且不论年资,以友交会,与两汉经师的师道尊严迥然相异。

玄学思辨成果泽及魏晋间各门学科,刘勰(约465—约532)的《文心雕龙》和钟嵘(约468—约518)的《诗品》都有前代罕见的严密理论系统性和深刻美学内涵。其时的科技也具有鲜明的理论思维特色,如王弼强调,"析理"须借助数学,而数学应当是"理胜"学科[13]。其时数学家也以"析理"的自觉去探求数学问题,如三国魏人刘徽(约225—295)在《九章算术注》中提出"情推""贵约"原则,祖冲之(429—500)依此原则测算出圆周率 π 的值在 3.1415926 和 3.1415927 之间,欧洲一千多年后才达到这一计算精度。北魏人贾思勰的《齐民要术》是我国保存至今最早的完整农书,其理论思维也比较突出,首先要求系统观察,其次根据性能统一法则进行学科分类,而性能统一,正是玄学"体用不二"原理的映现。

总之,玄学的发展使魏晋六朝成为"中国周秦诸子以后第二度的哲学时代"[14],其思辨成就为隋唐佛学和宋明理学所继承。

>>> 玄学伏流于两汉,而正式创始人则是曹魏时的何晏与王弼。西晋时,向秀和郭象修正何晏、王弼的观点。玄学开辟了一个思辨时代,名士们剖玄析微,"注而不竭",在论辩中有通、有难,有胜、有屈,"兼辞条丰蔚,甚足以动心骇听"。图为唐代孙位《高逸图》。

第三节

文学自觉

魏晋以降,儒学失落,文学艺术从儒学伦常的樊篱中解放出来,认识文学艺术自身特征的"缘情"说和"神思"说脱颖而出。这是中华文明史上值得一书的现象。

先秦的诗论以"言志"为主,两汉经学更把文艺全然视作礼教工具。魏晋时"缘情"说渐占上风,如西晋陆机(261—303)在《文赋》中提出"诗缘情而绮靡"的观点;刘勰的《文心雕龙》认为"诗者,持也,持人情性";钟嵘的《诗品》强调诗歌的特征是"动天地,感鬼神""摇荡性情,形诸舞咏"。与此同时,魏晋文论重视"神思",陆机的"心游万仞",葛洪(284—364)的"心存魏阙",都是强调艺术想象;刘勰更主张"寂然凝虑,思接千载""悄然动容,视通万里",如此方能"传神""畅神"。高度重视形象思维,承认文学艺术自身的规律,使文学摆脱经学的附庸地位,以"经国之大业,不朽之盛事"[15]登上大雅之堂,这是魏晋文化的一大进步,文学由此进入"自觉"时代。

魏晋南北朝的文学艺术实践也闪耀着文学自觉的光焰。

以诗歌而言,"三曹""建安七子"的作品气势雄伟,慷慨悲壮,如曹操《龟虽寿》"老骥伏枥,志在千里;烈士暮年,壮心不已",《观沧海》"秋风萧瑟,洪波涌起。日月之行,若出其中。星汉粲烂,若出其里",气韵深沉,风格苍劲;曹植(192—232)的诗"粲溢今古,卓尔不群"[16];陶渊明(约376—427)辞官归隐的诗作兼有平淡与爽朗之胜;谢灵运(385—433)令两晋盛行的玄言诗告一段落,开山水诗之先河,所谓"庄老告退,而山水方滋"[17];鲍照(约414—466)、庾信(513—581)使五言诗、七言诗趋于成熟,李白、杜甫均从其汲取营养。总之,建安诗和六朝诗,上承诗经、楚辞、汉乐府,下启唐诗。

民歌在魏晋南北朝呈现繁盛景象。《孔雀东南飞》《木兰诗》千古传诵;东晋南朝的《子夜歌》《西洲曲》,十六国、北朝的《陇上歌》《敕勒歌》脍炙人口。

魏晋间的散文也多有佳篇。诸葛亮(181—234)的《出师表》情真意切,感人肺腑,所谓"出师表惊人文字,千秋涕泪";嵇康(224—263)的《与山巨源绝交书》"非汤武而薄周孔",嬉笑怒骂,直抒胸臆;李密(224—287)的《陈情表》抒写与祖母"形影相吊"的深情,语气恳切,委婉动人;陶渊明的《桃花源记》有曲折新奇的故事,有栩栩如生的人物,更刻画没有剥削压迫、百姓"怡然自乐"的理想世界,为千古之至文。人称现代文豪鲁迅先生有"托(尔斯泰)尼(采)思想,魏晋文章",正是赞颂他与魏晋文风的深刻、洒脱,古今相照。

魏晋南北朝还是小说的开创时代。刘义庆(403—444)的笔记小说《世说新语》记述汉末、魏、晋士大夫言行。此间的志怪小说,开唐代传奇先河,又启发明清神魔小说。

书法艺术自汉末渐为人们重视,至魏晋南北朝已名家辈出,尤以东晋王羲之(321—379)、王献之(344—386)父子成就最高。羲之一变汉魏以来质朴书风,成妍美流便的新体,被推尊为"书圣",其代表作《兰亭序》等历来为人所心慕手追。

>>> 书法艺术自汉末渐为人们重视,至魏晋南北朝已名家辈出,尤以东晋王羲之、王献之父子成就最高。王羲之一变汉魏以来质朴书风,成妍美流便的新体,被推尊为"书圣"。图为宋代梁楷(传)《右军书扇图》。

第四节
佛教华化与道教融会儒佛

魏晋南北朝儒学衰微,"高人乐遗世,学者习虚玄",这种社会风尚当然有利于倡言"空无"的佛教发展。东汉虽有人信仰佛教,但只准西域人奉祠,汉人出家为僧,朝廷明令禁止。曹魏已有汉人做和尚,为"汉地沙门之始",此后汉人出家为僧者渐多,以至高僧辈出,寺庙普建。仅据《洛阳伽蓝记》所载,西晋时洛阳即有白马寺、东牛寺等大型寺庙十座,沙门甚众。

佛教在中国的发展,提出对佛经译文质量的较高要求,于是有中土僧侣的西行取经,著名者为后秦法显(约337—约422),他历时十三载,遍历南亚,取归佛经,译出《大般泥洹经》等五种,又记述旅行经历,成《佛国记》(亦称《法显传》)。

在法显西行取经后二年,鸠摩罗什(343—413)从中亚来华,译出佛经九十八部。他精通梵文和汉语,所译佛经,既能符合原经旨意,保存"天然西域之语趣",又与中国传统相应,文圆意通。

在中外僧人的共同努力下,佛经大量译出,注疏讲经之学也随之发展,在这一过程中,佛教逐渐中国化。东晋佛学大师道安(314—385)总结汉代以来的禅法与般若二系学说。其弟子慧远(334—416)

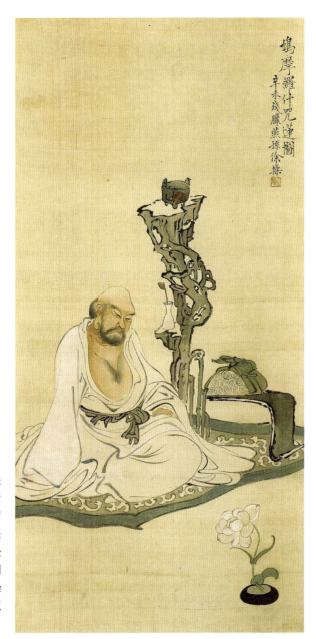

>>> 在法显西行取经后二年,鸠摩罗什从中亚来华,译出佛经九十八部。图为现代徐操《鸠摩罗什咒莲图》。

一方面强调佛法是"不变之宗",著《沙门不敬王者论》,维护佛教对政治的超越性,另一方面又调和佛学与儒学名教的矛盾,用佛学融合儒玄;这是印度佛教演为中国佛教的一个开端。竺道生(355—434)则倡言"一阐提皆得成佛"之说,认为"一阐提"("断善根"的音译,意指恶人、难救药之人)也可以修炼成佛,并首创顿悟成佛说,这都使佛教赢得更大普及性,开出中国化佛学的理路。南朝梁武帝(464—549)则以"菩萨皇帝"身份,提出"三教同源"说,把儒道释三教始祖孔子、老子、释迦牟尼并称"三圣",认为三教可以相互辉映。此后不久,一个华化佛教宗派——天台宗在浙江天台山创立,标志着中国佛学走上独立发展道路。

佛教在魏晋南北朝间的广泛流播,重要物化成果,其一是寺院的广为兴建,所谓"天下名山僧占多"。唐人杜牧诗云"南朝四百八十寺,多少楼台烟雨中",便是极言南朝佛寺之多。其实,南朝佛寺何止四百八十座,仅据《南史·郭祖深传》载,梁朝"都下佛寺五百余所,穷极宏丽,僧尼十余万,资产丰沃"。

其二是巨型石窟造像。在今甘肃、陕西、山西、河南、新疆、四川等地保有许多石窟和数以千计的佛像。最著名者,一为甘肃西部的敦煌莫高窟,366年(晋太和元年)始建,历北魏、西魏、北周,至隋、唐、五代、宋、元,各朝都在此开凿,现存石窟四百多个,佛像两千四百五十多尊,为石刻艺术精品;二为山西大同云冈石窟,魏文成帝(452—465在位)时始建,几百年间开凿五十多个洞窟,现存造像五万尊;三为河南洛阳龙门石窟,始凿于北魏孝文帝迁洛后第三年(497年),中经东魏、北齐、北周、隋、唐诸朝,连续营造四百多年,现存佛龛二千一百个,佛像十万尊。此外,还有甘肃炳灵寺石窟、麦积山石窟等。

与外来佛教华化的同时,道教在魏晋间一方面吸收佛学,衍出轮

>>> 巨型石窟造像最著名者,一为甘肃西部的敦煌莫高窟,晋太和元年始建,历北魏、西魏、北周,至隋、唐、五代、宋、元各朝都在此开凿;二为山西大同云冈石窟,魏文成帝时始建,几百年间开凿五十多个洞窟;三为河南洛阳龙门石窟,始凿于北魏孝文帝迁洛后第三年,中经东魏、北齐、北周、隋、唐诸朝。图为敦煌莫高窟的塑像和壁画。

回成仙说、善恶报应说、天堂地狱说;另一方面进一步与儒学糅合。东晋葛洪著《抱朴子》,内篇言"神仙方药""养生延年",外篇讲"人间得失,世事臧否",其基本思想是以神仙养生为内、儒术应世为外,一面把道家术语附会金丹、神仙教理,一面坚持儒家纲常名教。此后,粗疏的早期道教(如太平道、五斗米道)演变为有较严密的组织和科律的金丹派道教,其教义反对佛教的消极,寄望来世,而主张今生享受人间乐趣,其前提是讲求延年益寿,而炼丹、服丹又是延寿之法。北魏寇谦之(365—448)改革道教,创新天师道,不主张依赖吐纳交接之术和服食丹药,认为"修学长生"应以礼拜求度为主。

佛、道二教在魏晋南北朝的兴盛,与统治者的大力提倡颇有干系。佞佛尤甚的是南朝帝王,如宋文帝(407—453)、梁武帝(464—549)、陈武帝(503—559)、陈后主(553—604)等人。其中梁武帝曾广建佛寺,带头吃素,扶植寺院经济,一次布施寺院往往千万以上。他还四次舍身同泰寺为"寺奴",每次都由百官用"钱一亿万"将他赎回。北朝魏太武帝(408—452)则崇奉新天师道,几乎立道教为国教。

有佞佛者必有灭佛者。一方面,儒士从护卫名教出发,著文斥佛教"使父子之亲隔,君臣之义乖,夫妇之和旷,友朋之信绝"[⑱];另一方面,有的帝王为着保证朝廷赋役,伸张中华王道正统,起而灭佛。如北魏太武帝诏令坑杀沙门、焚毁寺院、没收寺产。但北魏后期诸帝重新佞佛,北周武帝(560—578在位)遂再禁佛、道二教,又下诏灭佛,使"释子减三百万,皆复军民,还归编户"[⑲],增加了国家财赋及兵役来源。北魏太武帝、北周武帝的灭佛,与以后的唐武宗、周世宗灭佛,合称"三武一宗灭佛",佛教史称"法难"。而从中华文化的总体进程论,则是儒释道三教彼此消长及社会政治经济矛盾运动的产物。

第五节

汉胡大交会

　　经过夏、商、周至秦、汉约一千八百年,一个以华族——汉族为主体的多民族国家初步形成。魏晋南北朝四百年间,则是继春秋战国以后又一次更大规模的民族迁移和民族融合高潮。北方及西北、东北的匈奴、鲜卑、乌桓、羯、氐、羌等"胡"族先后进入中原,纷纷建立政权。南方及西南的越、蛮、奚、俚、僚等族也与汉族发生交互关系。

　　游牧或半农半牧民族的"胡"文化与中原农耕人的"汉"文化长时间交会,在冲突中走向融合。

　　胡、汉之间的"文化距离",导致胡、汉文化质的差异性。然而,这种质的差异性绝非恒久不变。文明冲突中的对立面不可避免地在冲突中改变自身原有结构,从对方吸收于己有用的文化质,从而在调整、适应的过程中趋于一体化。魏晋南北朝胡、汉一体化便表现为胡文化的"汉化"与汉文化的"胡化"。

　　对于胡文化来说,抛弃旧质,以适应新的农业文明环境是首当其冲的急务。然而,在胡文化解体的态势面前,胡人中不可避免地产生守旧心态,竭力维护被摇撼的游牧文化根基。如拓跋焘杀贺狄干,是因为"见其言语衣服类中国,以为慕而习之,故忿焉,既而杀之"[20]。入迁内地的胡人表现出强烈的"扬胡抑汉"倾向。《北史·高昂传》云"时鲜卑共轻中华"。以"汉"一字构合成形形色色带侮辱性的恶称,便是"轻中华"的表征之一。陆游《老学庵笔记》卷三言:"今人谓贱丈夫曰:'汉子',盖始于五胡乱华时。北齐魏恺自散骑常侍迁青州长史,固辞之。宣帝大怒,曰:'何物汉子,与官不受。'此其证也。""抑汉"与"扬胡"同时并存,胡人被尊奉为"国人",在政治上、经济上享有多方面特权。

然而,在先进的汉文化的包围下,胡人中"守旧派"的抗拒终归是徒劳的,与"马背中领生活"相割离的中原胡人终究被纳入"汉化"的轨道。

胡文化"汉化"通常是通过两个渠道进行。一是由胡人统治者采用汉族统治的组织形式并推广儒学,从而以强力推进胡文化发生质的变化。匈奴人、汉国的创建者刘渊,前赵的刘曜,羯人、后赵的石勒,氐人、前秦的苻坚、苻融,宪人、后秦的姚苌、姚襄都在这方面做出努力。公元5世纪初统一北方的鲜卑拓跋魏更在儒化—汉化上有突出动作。还在魏道武帝时期,拓跋魏通过征聘、使用汉族士大夫,与儒家政治勾通关系,至魏明帝拓跋嗣与魏显祖拓跋弘时期,拓跋族上层集团的儒化已达到一个新的水平。儒家文化的渗透,使北魏统治层中产生许多儒者兼拓跋贵族的人物。

北魏孝文帝元宏(467—499)是推进鲜卑拓跋族汉化的英俊人物,公元493年,他以南征为名,把都城从今山西大同迁到中原洛阳,这不是一般性的都城迁徙,而具有重大文明转型意义。山西大同(时名平城)地处恒山之北,处于游牧文化氛围之中,而洛阳处于古来神州中心,迁都于此,既能显示北魏政权为中国正朔所在,又有利于加速对汉文化的吸收。正是在古都洛阳,魏孝文帝在经济基础与上层建筑两大领域推行一系列汉文化改革,奖励鲜卑与汉人通婚,改鲜卑姓氏为汉姓,参照南朝,制定官制朝仪,从风俗礼制到语言服饰全面割断鲜卑拓跋族与旧有文化的纽带,大踏步地实现社会体制的汉化与观念的汉化。而全然以《考工记·匠人》王城规划制度为营建蓝本的北魏都城洛阳,则以其规整严密的坊里,等级秩序分明的道路系统以及宫城居中、左祖右社、前朝后寝的布局宣示着汉文化的胜利。

由于胡文化的汉化不是以本族经济文化发展为动力的文明迁演,而是在汉文化环境的规范下,以政治需要为动力的文化转型,因而,统治集团的儒化往往走在全族汉化的前面,从而为胡文化的整体性汉化创造前提条件。

胡文化"汉化"还有第二个途径,这便是入迁内地的胡人在"与华民错居"的情势中,不仅"语习中夏""多知中国语",而且潜移默化地受到汉文化观念意识的影响。胡人的爱情观本颇为开放,"女儿自言好,故入郎君怀"。但在汉文化影响下,也出现男婚女嫁有待于"父母之命"的观念,如北朝乐府《折杨柳枝歌》咏道:"问女何所思,问女何所忆。阿婆(北朝呼母为婆)许嫁女,今年无消息。"儒家的婚嫁观念,开始影响胡人。

胡文化"汉化"是多方面的,它不仅表现在政权结构专制化、经济方式农业化、观念意识儒学化,而且表现在昔日的胡人转而以"汉人"的姿态去对待其他胡族。如鲜卑与柔然,在血缘上具有亲缘关系,但北魏鲜卑反而视柔然为"胡"。太武建六镇,北魏、东魏"起长城之役",皆为防柔然进攻,其情势颇与秦汉筑长城御匈奴相似。至此,北魏统治者已转化为防御游牧民族"钞掠之患"的农业文明保护者。

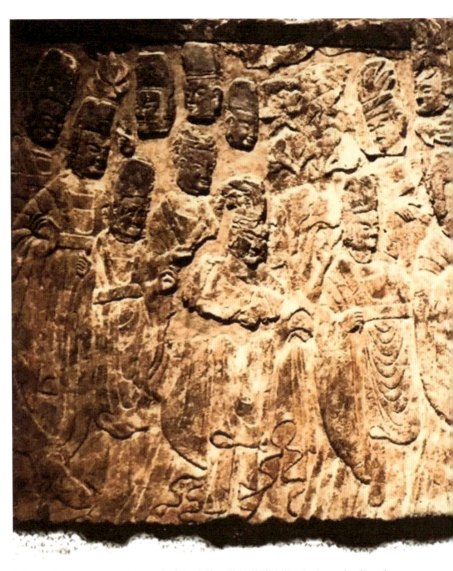

>>> 北魏孝文帝元宏是推进鲜卑拓跋族汉化的英俊人物,公元493年,他以南征为名,把都城从今山西大同迁到中原洛阳,这具有重大文明转型意义。孝文帝进行了艰难的改革,接受了汉文化、语言、风俗,推动了佛教的信仰和传播。图为《北魏孝文帝礼佛图》(局部)。

在胡文化"汉化"过程中,儒生士大夫扮演了关键角色。十六国与北朝时代,大批北方汉族儒士纷纷出仕胡族政权。他们遵循《孟子·滕文公》"用夏变夷"之论,以先进的诸夏文化去影响、改造"蛮""夷"。北魏高闾(?—502)据"夷狄入中国,则中国之"的理论展开的"中原正统说"(统有中土,即为正统),崔浩(?—450)、高允(390—487)依先贤观念展开的"文化正统说"(凡遵奉中国文化者,皆得视为正统)便是入仕北朝的汉族士大夫的安身立命之论。正是基于如上观念,封奕、阳裕、张宾、程遐、王猛、薛瓒、尹纬、崔浩、高允、王松寿、苏绰等一大批有才干的士大夫活跃在非汉族政权的舞台上,为在中原重建社会秩序而努力。

汉族儒士改造胡文化的主要途径是以胡族上层为中介,倡导儒学,建设汉式政权组织以及与农业社会相适应的经济制度;倡兴文教,打击保守贵族势力,努力改易"胡风国俗"。汉族儒士与儒化了的胡族上层统治者的共同努力,使北方胡族政权对儒学的重视较东晋南朝有过之而无不及。《洛阳伽蓝记·景宁寺》载陈庆之语:"此中谓长江以北尽是夷狄,昨至洛阳,始知衣冠士族并在中原,礼仪富盛,人物殷阜。"胡人政权组织不仅沿袭汉人政治体制,而且还颇有补益。儒者托古的太子国学便在胡人政权下首先实现,苻坚令太子及公侯百僚之子就学受业于国子学,为太子国学先声。中原社会经济亦迅速从战乱中复苏、发展起来。一些民歌描述胡人统治区域内社会繁荣、安定情景:"长安大街,两边种槐。下走朱轮,上有鸾栖";"远游武威郡,遥望姑臧城。车马相交错,歌吹日纵横";"路出玉门关,城接龙城坂。但事弦歌乐,谁道山川远"。北魏洛阳工商业兴隆发达,"天下难得之货,咸悉在焉"。《魏书·地形志》记载,北魏时全国人口比西晋太康年间多了一

北魏洛陽閶闔門

>>> 北魏迁都洛阳后,中原社会经济亦迅速从战乱中复苏、发展起来。北魏洛阳工商业兴隆发达,"天下难得之货,咸悉在焉"。图为北魏洛阳阊阖门复原图。

倍。虽然北魏末年爆发各族大起义,其后又有东魏、北齐与西魏、北周的长期对峙,但经济发展的势头仍然不衰。迨至北周统一北方,北方的人力、物力终于超过南方,从而为隋统一全国,实现公羊家所倡言的"大一统"打下基础。

胡文化虽受容于汉文化系统,但是这种加入绝非机械组合。在进入汉文化轨道的过程中,胡文化也以其固有特质对汉文化系统加以冲击、改造。蛮野但充满生气的北族精神,给高雅温文却因束缚于礼教而冷淡僵硬的汉文化带来新鲜空气。北魏崔浩说:"漠北醇朴之人,南入中地,变风易俗,化洽四海。"[21]指的便是这种趋势。随着诸多民族整合为新汉族的进程日益深化,汉胡交会的效应逐渐充分显示,终于推出璀璨的隋唐文化。

注释：

① 《三国演义》第一回开篇语。

②⑤ 《颜氏家训·治家》。

③ 《南史·儒林传》。

④ 见《抱朴子·诘鲍》。

⑥ 《梁书·儒林传》。

⑦ 《文心雕龙·论说篇》。

⑧ 《老子·第一章》。

⑨ 《颜氏家训·勉学》。

⑩ 《晋书·陆机传附陆云传》。

⑪⑫ 《世说新语·文学》。

⑬ 王弼：《周易略例·明爻通变》。

⑭ 宗白华：《美学散步》，上海：上海人民出版社，第177页。

⑮ 曹丕：《典论·论文》。

⑯ 钟嵘：《诗品·魏陈思王植》。

⑰ 《文心雕龙·明诗》。

⑱ 《广弘明集》，见道宣：《叙列代王臣滞惑解》。

⑲ 《房录》卷十一。

⑳ 《北史·贺狄干传》。

㉑ 《魏书·崔浩传》。

第六章

盛代强音

——隋、唐

公元581年,北周大丞相杨坚(541—604)废宇文氏,自立为帝,改国号隋,是为隋文帝。文帝随即伐陈,结束西晋以后二百六十五年的分裂局面,建立上承秦汉的统一的中央集权国家。隋朝历二帝三十八年(581—618),即被农民起义推翻。利用隋末农民战争提供的机遇,太原留守李渊(566—635)于公元618年称帝,改国号唐,是为唐高祖。唐朝历二十帝二百九十年(618—907),疆域东临日本海,西抵中亚阿姆河、锡尔河流域,北达西伯利亚南部,南至中印半岛,正所谓"前王不辟之土,悉请衣冠;前史不载之乡,并为州县"①。唐代是与7世纪和8世纪间横跨亚、非、欧三洲的阿拉伯帝国、继承西罗马帝国版图的加洛林帝国并立而三的世界性大国。就文明的先进性而言,唐帝国所达到的水平则是阿拉伯帝国和加洛林帝国所无法比拟的。

建立在国家统一、经济繁荣、汉胡融会、中外交通发达基础上的隋唐文明,规制宏伟、气氛宽松、创造力活跃,达到古典文明的全盛佳境。

第一节
两都营建与运河开凿

城市作为文化场的内核所在,是各文化圈的文化能量集结处和辐射中心。城市的最高形式——都城,更是一国文化之网的中心纽结。中国自古以来关于都城营建有相当严格的规范,《考工记》论述详细。秦汉以降列朝都城均依此制修筑,而隋唐建造西东两都,堪称典型。

隋朝西都位于汉长安城东南,始筑于隋文帝,时称大兴城,唐代改名长安。唐长安以一百多万人口、八十四平方千米面积,雄踞当时世界都会之首。

大兴城的总体设计者是"有巧思,多技艺"的宇文恺(555—612),他集前代都城建设的得失经验,利用大兴地区六条岳陵("六坡")的自然特点构思,其城分三部:外廓城、皇城、宫城,三重相依,层层递进。

帝王居住的宫城如同北极星周围的紫微垣,皇城象征着地平线上以北极星为圆心的天象,从东、西、南三面卫护皇城与宫城的廓城则象征着大周天。"象天设都"的构造,使天与人不仅在想象中,而且也在现实中相应相通,合为一体。巍峨的宫殿建筑于龙首原高地,使皇宫威势逼人,透露出皇权的至高无上与总括宇宙的精神追求。长安城内的建筑依住宅主人的等级身份展开:宫殿地势最高,政府机关次之,寺观和官僚住宅又次之,一般居民等而下之。"百千家似围棋局,十二街如种菜畦",南北十一条大街,东西十四条大街,成直线纵横交错,将全城划分为一百零九个坊和两个市,隋唐长安的平面构图,方正如同棋盘。

长安城的设计师们调动各种手段,唤起人们的联想,展示寰宇一统、富有天下的意境。

皇城外南北排列的十三坊象征十三州,东西十坊则比拟全国十道。最宽的朱雀街是全城的中轴线,它直通宫城承天门,宛如一条彩带,把天上的九野千门与地下的九州万户联成一线。

如果说,汉长安追求的主要是宏大的规模,那么,隋唐长安追求的则是宏大规模与众多细部精缜布局的统一。隋唐人已经能够用建筑形式更加自如地表现伦理观念和政治思想。

长安的宏丽,体现于宫殿的巍峨,也显示在帝陵的壮观。

十八座唐代皇帝陵墓寝宫,分布在关中渭水的群峰丘峦中,连绵延亘二百多里,像一根淡淡的弧线镌刻在遥远的天际。

唐太宗李世民(599—649)的昭陵是古代中国最大的帝王陵园。因山为陵的陵寝制作模式由此肇始。

同样是雄厚阔大的陵墓,埃及的金字塔矗立在红黄色的沙漠上,给人一种沉重的孤独感与神秘感。昭陵凿山建陵,在自然起伏的线条中呈现雄伟气概和人文韵味。

昭陵前的六骏石刻,栩栩如生。"六骏"是李世民历次作战时所乘的六匹骏马——飒露紫(征洛都时所乘)、拳毛䯄(与刘黑闼作战时乘)、青骓(与窦建德作战时乘)、什伐赤(与王世充、窦建德作战时乘)、特勒骠(与宋金刚作战时乘)、白蹄乌(与薛仁杲作战时乘)。唐太宗为追念这六匹有战功的骏马,在自己的坟墓前刻像纪念。流连于此,人

>>> 长安城的设计师们调动各种手段,唤起人们的联想,展示寰宇一统、富有天下的意境。隋唐长安追求的是宏大规模与众多细部精缜布局的统一。隋唐人已经能够用建筑形式更加自如地表现伦理观念和政治思想。图为《长安图碑》宫城部分的放大图,图中采用形象法绘出大殿、宫墙、亭、宫门等建筑,再现旧宫盛景。

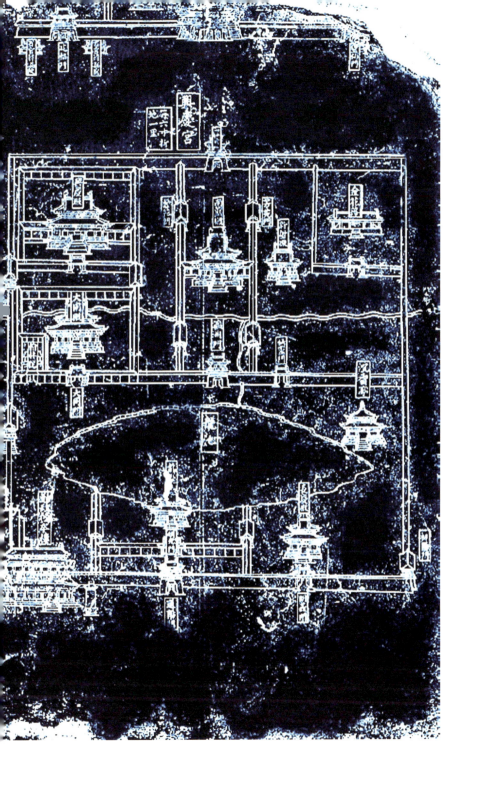

们感悟到的是一往无前的事功精神与充满活力的英雄主义。

昭陵的陪葬,同样奏鸣着盛唐气象的雄劲旋律。开国功臣的墓冢如阴山、碛石山、铁山、葱山、白道山、乌德鞬山,是名臣骁将当年南征北讨亲历过的著名山岳,是唐代旷世功业的象征。

列于寝殿前两侧的十四国君长石像,刻画来自东起朝鲜半岛、西到中亚咸海和印度、北起安加拉河、南至越南南部的广大地区王者的英姿。如此广阔地域的君长群像大聚会,浓缩了那一时代中外一体的盛况。

以大写意手法勾勒李唐王朝的社会环境与国际环境,使唐代建筑和雕刻洋溢着光彩熠熠的时代精神。

乾陵的气派也庄重宏大。它坐落梁山北峰,东有豹谷,西有漠谷,南以山峰两座为门户。唐高宗(628—683)与武则天(624—705)便合葬于此。饶有趣味的是:一手谋划乾陵修建的武则天,虽为其丈夫唐高宗撰写千余字的《述圣记》,并在字画上"填以金屑",以歌颂高宗的文治武功,但却对自己一生事业未做任何介评,墓前矗立的是一块"无字碑"。这或许是武则天为了表示自己"功高德大",难以用文字表达;也可能是因为她以女性高居皇位,自知是个有争议的人物,墓碑上还是不记一字为好,任后人评说。

隋朝除修建大兴城外,还役使工匠二百万,营造东都洛阳,意在加强对函谷关以东和江南地区的控制,并利用东南财赋,"控以三河,固以四塞,水陆通,贡赋等"②。刻意营造洛阳,表明在东晋以降,随着经济重心向东南转移,一统王朝逐渐加深对东南的依赖。这一趋向的另一重要标志,便是沟通南北的运河开通。

早在隋文帝时,为便利转运南方米粮布帛,命宇文恺率水工凿广

>>> 唐高宗与武则天便合葬于乾陵,饶有趣味的是:一手谋划乾陵修建的武则天,虽为其丈夫唐高宗撰写千余字的《述圣记》,并在字画上"填以金屑",以歌颂高宗的文治武功,但却对自己一生事业未做任何介评,墓前矗立的是一块"无字碑"。

通渠三百余里,引渭水从大兴城到潼关。隋炀帝(569—618)时,更大规模开凿运河,共分三段。一为通济渠,调发河南、淮北一百多万民工,自洛阳引谷、洛二水达于黄河,自板渚引黄河水疏通莨荡渠故道,入淮河,达山阳(今江苏淮安),又调发淮南民工十多万,从山阳疏导吴王夫差(?—前473)所开邗沟,引淮河水入长江;二为永济渠,调发河北一百多万民工,引沁水南通黄河,北至涿郡(今北京);三为江南河,从京口(今江苏镇江)引长江水直达余杭,入钱塘江。这样,运河南起余杭,中经江都、洛阳,北到涿郡,全长五千里,使南北联结,"商旅往还,船乘不绝"③。这一巨大工程固然与炀帝巡游享乐有关,但也便利了南北交通,其功用垂世不朽。经历代修浚、改筑,成现在之大运河,至今仍居世界通航运河长度之冠。

第二节
贞观之治

自秦汉以至明清的两千年专制帝国时代,曾有几度政治清明、邦泰民安、国力昌盛,最为人所称道者:一为西汉的"文景之治",即汉文帝(前180—前157年在位)和汉景帝(前157—前141年在位)治理时期,朝廷实行"与民休息""轻徭薄赋"政策,社会出现前所未有的富裕景象,所谓"京师之钱累巨万,贯朽而不可校;太仓之粟陈陈相因,充溢露积于外,至腐败不可食"。二为唐太宗贞观年间(627—649)的"贞观之治"。

唐太宗君臣以隋亡为鉴,用民为水、君为舟,"水能载舟亦能覆舟"作喻,推行"国以人为本,人以食为本"④的重民政策。在经济方面,"省徭赋,不夺其时"⑤;在政治方面,强化中央集权的国家机器,沿袭隋朝的三省六部制,将汉代丞相之权,分隶三省而总于皇帝。

广用人才和善于纳谏也是"贞观之治"的具体成因。唐太宗启用的武将文臣有:农民起义将领徐世勣(594—669)、秦叔宝(?—639),政敌部下屈突通、魏徵(580—643),素寒出身者马周(601—648),少数民族阿史那社尔(?—655)、执失思力,关陇士族李靖(571—649)、长

>>> 唐太宗君臣以隋亡为鉴,用民为水、君为舟,"水能载舟亦能覆舟"作喻,推行"国以人为本,人以食为本"的重民政策。在经济方面,"省徭赋,不夺其时";在政治方面,强化中央集权的国家机器,沿袭隋朝的三省六部制,并且广用人才和善于纳谏。贞观年间实施的一系列政策,重建并巩固了统一的中央集权国家,有利于社会生产力的恢复与发展,史称"贞观之治"。图为唐代阎立本《步辇图》。

孙无忌(？—659)。任人唯贤是唐太宗成功的一大法门,史称其"拔人物则不私于党,负志业则咸尽其才"⑥。

能够纳谏和进谏,也是太宗君臣的特点。魏徵是著名"诤臣",他告诫太宗"兼听则明,偏信则暗"⑦,并不畏触犯皇帝尊严,谏止裂土分封、泰山封禅。太宗有感于魏徵的直谏说:"夫以铜为镜,可以正衣冠;以古为镜,可以知兴替;以人为镜,可以明得失。"⑧

贞观年间实施的一系列政策,重建并巩固了统一的中央集权国家,有利于社会生产力的恢复与发展,史称"天下大稔,流散者咸归乡里,斗米不过三四钱,终岁断死刑才二十九人。东至于海,南极五岭,皆外户不闭,行旅不赍粮,取给于道路焉"⑨。此语显然有溢美之嫌,但"贞观之治"创造了中国古代不可多得的清明繁荣时段,为昌大的唐文化奠定雄厚基础,则是毋庸置疑的。此后,唐玄宗前期的"开元之治"(713—741),唐代经济繁荣达于顶点,史称"盛唐"。但开元之后,盛极而衰,转为"天宝之乱",唐朝开始走下坡路。

第三节

三教共弘

唐代是一个文化政策相对宽容的时代,其君主虽对儒、佛、道三教各有偏重,武宗(814—846)还有灭佛之举,但就总体而言,"三教共弘"是唐代大势。

一　道教风行

唐代道教在上层统治者中格外得宠。李唐王室奉老子李耳为先祖,唐高宗封老子为太上玄元皇帝。东都洛阳的玄元皇帝庙,"山河扶绣户,日月近雕梁"[①],气派宏大。长安的太清宫,先立玄宗雕像,后又有高祖、太宗、高宗、中宗、睿宗五帝侍立老子塑像左右,毕恭毕敬。追求仙人羽化的道观广为兴建,《唐六典·祠部》记载:"凡天下观总一千六百八十七所",天台山、茅山、华山、青城山、王屋山等名山幽谷香雾弥漫、仙乐嘹亮。

>>> 唐代还是中国佛教宗派天台宗、华严宗、禅宗发展成熟的关键时期。尤其是禅宗,经五祖弘忍、六祖慧能的阐发,进一步中国化,佛学也为更多的士人所研习。图为宋代梁楷《六祖截竹图》。

二　佛教兴旺

　　初盛唐也是佛教扶摇直上的时代。京畿长安,寺庙荟萃,城中坊里的百分之六十都设立寺庙,其中规模大者,"穷极壮丽……土木之役逾万亿"⑪,日本僧人圆仁在《入唐求法巡礼行记》中说,"长安城里,一个佛堂院,可敌外州大寺"。长安城内的佛塔更难以备数,它们造型优美,引人入胜:大雁塔雄伟巍峨,小雁塔俊秀婀娜,善导塔亭亭玉立……长安城内的和尚们也春风得意,他们"街东街西讲佛经,撞钟吹螺闹宫廷"⑫。在东都洛阳,武则天大规模开窟造像于龙门,据说她曾命僧徒怀义造夹纻大像,一个小拇指上就能站下数十人。举世闻名的卢舍那大佛高十七米多,端坐正中,神王、金刚、菩萨、弟子侍立左右,如众星拱月。唐代还是中国佛教宗派天台宗、华严宗、禅宗发展成熟的关键时期。尤其是禅宗,经五祖弘忍(601—674)、六祖慧能(638—713)的阐发,进一步中国化,佛学也为更多的士人所研习。

三　儒学昌明

　　一度式微于魏晋南北朝的儒学在唐代开始振兴。唐高祖"颇好儒臣",唐太宗"锐意经术",他宣称:"朕今所好者,唯在尧舜之道、周孔之教,以为如鸟有翼,如鱼依水,失之必死,不可暂无耳。"⑬他诏求前

>>> 在东都洛阳,武则天大规模开窟造像于龙门,据说她曾命僧徒怀义造夹纻大像,一个小拇指上就能站下数十人,举世闻名的卢舍那大佛高十七米多,端坐正中,神王、金刚、菩萨、弟子侍立左右,如众星拱月。图为雪中龙门石窟。

代通儒子孙,特加引擢;他命国子祭酒孔颖达(574—648)等撰写《五经正义》,令天下传习;他又诏以左丘明、公羊高、谷梁赤等二十一位先哲配享孔子庙庭。朝廷对儒术的大力倡导,造成"学者慕响,儒教聿兴"的局面。

唐代统治者尊道、礼佛、崇儒,更鼓励三教自由辩论。德宗(742—805)贞元年间,儒、道、佛三家大论辩于麟德殿,"始三家若矛盾然。卒而同归于善"[13]。文宗太和元年(827年)十月,儒、佛、道三家御前论辩,其情形载入白居易的《三教论衡》。

三教并行不悖,不仅有力促使儒、佛、道相互吸取,而且造成一种开放的文化心态,人们不以一教为尊,亦不必以自己的信仰去屈从一尊意志。唐代朝野确乎有一股比较自由的空气:儒学可被嘲讽,如李白狂歌——"我本楚狂人,凤歌笑孔丘";"儒生不及游侠人,白首下帷复何益"。杜甫亦言——"儒术于我何有哉,孔丘盗跖俱尘埃"。对于君主,诗人可以"长安市上酒家眠,天子呼来不上船",倒是唐玄宗见李白要"降辇步迎"。

唐代社会风气也相当开放。读唐人笔记,可见大量自择婚配、乘间欢合的记载。离婚改嫁、夫死改嫁亦习以为常,婚外私通也屡见,可见这一时期的思想制约较为松弛。宽松的文化氛围,使得文化人能把他们心灵的感受自由阐发,或转化为艺术形象,从而赋予唐文化率真而又放达的气质。

第四节

科举制度

官吏的培养与选拔,既是一个政治制度问题,也是一个教育制度问题。先秦实行世卿世禄制,身份决定一切,阻挡了平民的晋身之阶。秦代的军功爵制、客卿制和征士、荐举,其意都在打破世袭官制。至汉代,实行比较完善的察举制,按郡国及人口比例察举孝廉,推举明经明法、茂才异等、贤良方正。魏晋推行"九品中正制",是一逆向运行,强化了世家大族的参政特权。隋唐实行的科举制度,则以国家考试方式,将"选贤与能"的古老理想付诸实现,使官僚制度摆脱贵族化倾向。

作为科举制经济前提的是北魏均田制在隋唐的推行。均田制以土地国有、计口授田为原则,摧毁了大族豪强的庄园经济,使大批自耕农和庶族地主得以产生,并参与分享文化和权力,正所谓"旧时王谢堂前燕,飞入寻常百姓家"。

科举制度创设于隋,以分科举士而得名。文帝于587年(隋开皇七年)设修谨、清平干济二科,炀帝置进士科。唐承隋制,又于进士科外,复置秀才、明经、明法、明书、明算诸科,常设仅为明经、进士两科,考试及格者称"及第",再经吏部考试合格,即可做官。进士科出身仕

>>> 科举制度创设于隋,以分科举士而得名。文帝于开皇七年设修谨、清平干济二科,炀帝置进士科。唐承隋制,又于进士科外,复置秀才、明经、明法、明书、明算诸科,常设仅为明经、进士两科,考试及格者称"及第",再经吏部考试合格,即可做官。

途更优于明经,头名进士称状元,为读书做官的极品。

科举制度以封闭式考试录取,具有公正性和法定性;又因不计生员出身,唯才是举,从而较广泛地从社会各阶层拔选人才,使庶族寒士也自信"天生我材必有用",立志"使寰区大定,海县清一",从而扩大了政权的统治基础。相传唐太宗"尝私幸端门,见新进士缀行而出,喜曰:天下英雄,入吾彀中矣"⑮。科举的吸引力,使士子竞相攻读、参试,"其有老死于文场者,亦无所恨",故唐代赵嘏诗云:"太宗皇帝真长策,赚得英雄尽白头。"⑯这是画龙点睛之论。

武则天亲行殿试,此制后代沿袭,殿试中试者,皆为"天子门生",从而以师生关系强化君臣纲常。武则天时还增设武举,科举制趋于完备。

参加科举考试的主要是学校生徒,因而此制带动了学校教育的发展。唐时学校分京师学和州县学,各级学校主要研习儒家经典,此外还学习律令和书法、算学等专门技能。因此,科举制度既是一种选官制度又是一种教育制度,它自隋唐延及明清,发挥了重要的社会功能。

第五节

律诗极致与书画尽美

中国文学的首唱是《诗》三百篇,而中国诗的辉煌极致则在唐代。

诗歌女神确乎格外垂青经济发达、城市繁荣、风气开放的唐朝。仅清代编的《全唐诗》便收录诗作四万八千九百余首,诗人二千三百余家。现在又有补遗的《全唐诗外编》,增录二千余首。当然,历史还湮没了更多的作品和诗人。

这是一个国民诗情勃发的时代,文人创作的诗篇被"士庶、僧徒、孀妇、处女"[17]吟唱,传诵于"牛童、马走之口";社会各色人等也竞相作诗,出现"行人南北尽歌谣"[18]的状况。

正因为"有唐吟业之盛",方导致诗家辈出,涌现卢照邻(约635—约689)、骆宾王(约640—约684)、王勃(650—676)、杨炯(650—?)"初唐四杰",以少年情怀,倡清新诗风;盛唐则诞生雄盖千古的诗国天才——"诗佛"王维(701—761)、"诗仙"李白(701—762)、"诗圣"杜甫(712—770),同期的王之涣(688—742)、孟浩然(689—740)、王昌龄(约698—756)、崔颢(?—754)、高适(706—765)、岑参(约715—770)等也是大手笔;中唐有"大历十才子",更有白居易(772—846)、元稹(779—

831)、李贺(790—816)等各具风格的杰出诗人;晚唐的杜牧(803—852)、李商隐(约813—约858)、温庭筠(约812—866),诗作固多萧瑟之气,然其抨击时政、咏史喻今,意味深长。

唐诗成就最高者当推李白、杜甫、白居易。

李白上承楚辞余韵,摄取魏晋诗歌、六朝乐府精魄,又一扫南朝宫体诗的粉黛气,拓宽视野,扩展境界,将唐诗推向高峰。李白深受道家熏染,多超越性幻思,更抱负经邦济世之志,其旷达不拘的性格又使他不肯"摧眉折腰事权贵",这诸多的思维棱角,使李白诗歌情致丰富。他以充沛的激情和发达的想象,歌颂祖国的壮伟——"黄河西来决昆仑,咆哮万里触龙门"⑳庐山瀑布"飞流直下三千尺,疑是银河落九天"㉑;生当"开元盛世"的李白,诗作还夸赞唐代"一百四十年,国容何赫然"㉒;但他对当代帝王的过失也勇于批评,针对玄宗滥用军旅,吟出"乃知兵者是凶器,圣人不得已而用之"㉓;他还怀着深厚的同情心,抒写劳动者的辛勤——"田家秋作苦,邻女夜春寒"㉔"吴牛喘月时,拖船一何苦"㉕。至于他超逸求仙、及时行乐的诗句,如"人生得意须尽欢,莫使金樽空对月"㉖,也别有情趣。

"李杜文章在,光焰万丈长。"㉗同李白双峰并峙的另一唐代大诗人是杜甫。

与仙、儒、侠三种风格集于一身,着意表现"个性我"的李白相异,杜甫以儒家精神贯穿始终,着意挥写"社会我"。"穷年忧黎元,叹息肠内热"㉘,杜诗化入社会人生,忧国忧民是其中心题旨。"安史之乱"以前,杜甫已写出《丽人行》《兵车行》,揭露帝妃的骄奢和军阀的穷兵黩武;"安史之乱"以后,更拟成《三吏》《三别》,刻画战乱、兵役、徭役给民众带来的深重苦难;其《茅屋为秋风所破歌》发出"安得广厦千万间,大

>>> 中国文学的首唱是《诗》三百篇,而中国诗的辉煌极致则在唐代。诗歌女神确乎格外垂青经济发达、城市繁荣、风气开放的唐朝。唐朝诗家辈出,涌现卢照邻、骆宾王、王勃、杨炯"初唐四杰",以少年情怀,倡清新诗风;盛唐则诞生雄盖千古的诗国天才——"诗佛"王维、"诗仙"李白、"诗圣"杜甫,同期的王之涣、孟浩然、王昌龄、崔颢、高适、岑参等也是大手笔;中唐有"大历十才子",更有白居易、元稹、李贺等各具风格的杰出诗人;晚唐的杜牧、李商隐、温庭筠,诗作固多萧瑟之气,然其抨击时政、咏史喻今,意味深长。图为五代周文矩《文苑图》。

周文矩瑠璃堂人物圖
神品上妙也

庇天下寒士俱欢颜"的人道绝唱。人称杜诗为"诗史",正因为其间深刻广泛地反映社会现实和民众疾苦。杜甫兼擅古体诗和近体诗,于近体律诗尤其用心,对仗工整,声律严格,精炼形象,有一种"语不惊人死不休"㉙的执着艺术追求,后世诗人学杜者甚众。

白居易生当"安史之乱"以后,唐朝江河日下,他承袭杜甫的传统,力主诗歌反映现实,"文章合为时而著,歌诗合为事而作"㉚。其《秦中吟》十首,《重赋》写两税法逼得"幼者形不蔽,老者体无温";《买花》写长安富贵人家争买牡丹,农夫叹曰"一丛深色花,十户中人赋"。他的长诗《长恨歌》讽玄宗宠杨贵妃,招致"安史之乱",被迫弃国别妃,抱恨而终;《琵琶行》借女乐的不幸遭遇,抒写自己贬官谪居的抑郁心绪。白诗平易通俗,从王公、妾妇到牧童、走卒无不诵读,还有人将白诗抄写、刊印出来,到市集叫卖或换茶酒吃。㉛

诗至唐中叶,由于音乐发展的需要,整齐的五言、六言诗谱入曲调已不合要求,于是出现参差不齐的长短句,此即词。过去把李白看作词祖,而《菩萨蛮》《忆秦娥》等早期词作不过是托名李白,词其实起自民间。中晚唐张志和(约730—约810)的《渔父词》、韦应物(737—约792)的《调笑词》、白居易的《忆江南》《长相思》、刘禹锡(772—842)的《潇湘神》等趋于成熟,开启婀娜多姿的宋词之先河。

隋唐还是书法与绘画的昌盛时代。隋朝的房彦藻,隋唐之际的虞世南(558—638)、欧阳询(557—641)、褚遂良(596—658)开瘦劲秀美书风。唐太宗酷爱书法,尤喜王羲之的书法,传说太宗死后把他的《兰亭序》殉葬。中唐颜真卿(709—785)书法肥厚大方,端庄雄伟,称"颜体";柳公权(778—865)则结构劲紧,骨力遒健,称"柳体"。二人并称"颜筋柳骨"。草书大家张旭,"变化无穷,若有神助"㉜,人称"草圣";

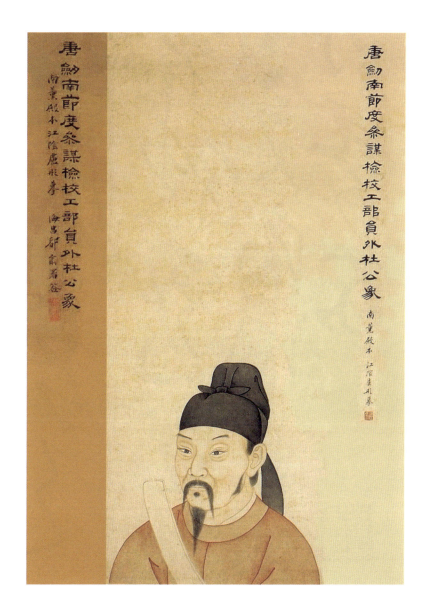

>>> "李杜文章在,光焰万丈长。"同李白双峰并峙的另一唐代大诗人是杜甫。图为清代卢彤《唐剑南节度参谋检校工部员外杜公像》。

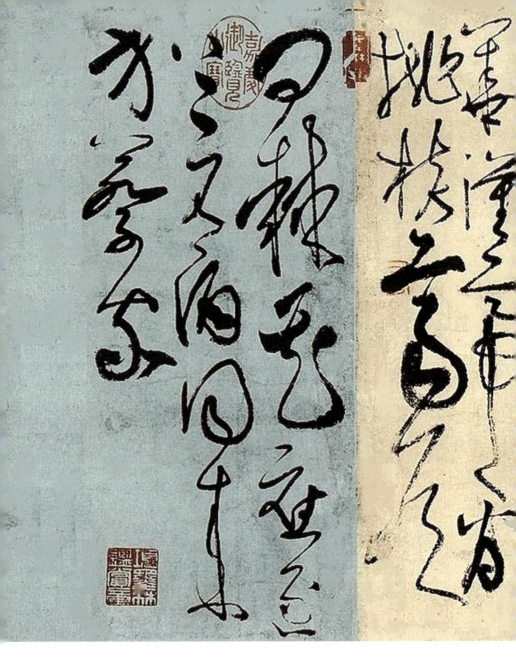

>>> 草书大家张旭,"变化无穷,若有神助",人称"草圣"。图为唐代张旭的草书。

僧人怀素(725—785)奔放流畅,如龙蛇竞走,变化自如,通称"狂草"。毛泽东后期草书,多得怀素神韵。

初唐阎立本(？—673)精于肖像,所作《步辇图》《历代帝王图》为千古名作;玄宗时吴道子画人物和山水,被称"画圣",他的寺院壁画,人物生动,衣飘如动,所谓"吴带当风"。王维首创水墨山水,开文人画端绪,风格淡雅,后人称"诗中有画,画中有诗"[③]。

唐代确乎进入中国古典文学艺术"集大成"的境地。宋代苏轼在《书吴道子画后》中说:"故诗至于杜子美,文至于韩退之,书至于颜鲁公,画至于吴道子,而古今之变,天下之能事毕矣。"盛赞唐人的创作"登峰造极"。

第六节

古文运动与史学成就

南北朝风行骈体文。骈文亦称近体文或四六文,四六对仗,讲究对偶、平仄,内容空洞而形式华丽整齐,"连篇累牍,不出月露之形;积案盈箱,唯是风云之状"㊴。隋文帝时已有人上奏反对骈文。唐初承六朝文风,"初唐四杰"都是骈文大家,其时朝廷章奏制诏也一律骈体。陈子昂(661—702)反对浮艳,提倡散体,开一代新风。韩愈(768—824)更力辟六朝骈偶,上追先秦西汉散体文,并将之与被他视为"近体文""俗下文字"的骈文相对应,称散体文为"古文"。韩愈与其友柳宗元(773—819)并称"韩柳",是"古文运动"的发起者和代表作家,又是"唐宋八大家"开首的两位。(余六位皆为宋人:欧阳修、苏洵、曾巩、王安石、苏轼、苏辙。)

韩愈和柳宗元效法先秦散文和《史记》刚健自由的文风,以"复古"为旗帜,实为通过对先秦两汉文体的复归,摆脱六朝程式化文体的束缚,达到一种创新境界,正如韩愈自述:"故愈所为文,务反近体,抒意立言,自成一家新语。"㊵他还主张"唯陈言之务去""不袭蹈前人一言一句"㊶。如果说,韩文雄深,如"长江大河,浑浩流转";柳文则以峭拔

>>> 韩愈和柳宗元效法先秦散文和《史记》刚健自由的文风,以"复古"为旗帜,实为通过对先秦两汉文体的复归,摆脱六朝程式化文体的束缚,达到一种创新境界。图为韩愈像及明代宋克书写的韩愈《进学解》。

國士先生尊人主學招諸生主館二洲之由東轄而勤董子獲巧末子里髣髴遇南之事隹歷撻堂元氣岌岌俟良已不復當志此錄石一整者唯示

见长，其说理之作，以谨严胜。柳宗元提倡"文以明道"，他的《捕蛇者说》抨击时政，锐利深切；《永州八记》写景状物，多所寄托；《封建论》纵议古今政治，入木三分。经韩、柳倡导，散文从写学术专论扩大到抒情、写景、纪游等广泛领域，成一独立文学体裁，支配文坛千余年，直至五四新文学运动以后才被白话文取代。

韩愈发起的"古文运动"，不仅意在文体变革，而且以先秦两汉古文为法，以儒家经典为依归，"志乎古道"，力斥佛老，复兴上起尧舜禹汤，中经文武周公，直至孔孟的一以贯之的"道统"。时值帝王佞佛，举国狂迎佛骨之际，韩愈上《论佛骨表》，力辟崇佛的荒谬，以捍卫"不语怪力乱神"的儒学传统。他还声言："吾所谓道也，非而所谓老与佛之道也。尧以是传之舜，舜以是传之禹，禹以是传之汤，汤以是传之文、武、周公，文、武、周公传之孔子，孔子传之孟轲；轲之死，不得其传焉。"㉜明确地以重建儒家道统者自居。宋代理学承继这种道统说，虽然他们并不一定肯认韩愈，而直溯孔孟。正是在复兴儒家道统这一意义上，苏轼称韩愈"文起八代之衰，而道济天下之溺"㉝。

如果用辩证法"正—反—合"三段式考察宋以前的中国思想史，汉末以前的儒家思想是"正"，魏晋玄学和隋唐佛学是"反"，宋代新儒学(理学)是"合"，而韩愈及其发起的古文运动则是"合"的开启者。诚如现代陈寅恪所说："退之者，唐代文化学术史上承先启后，转旧为新关捩点之人物也。"㉞

隋唐是中国史学的重要发展阶段，官修史书制度确立。此前，史书编纂由私人完成，《史记》《汉书》皆为私家著述，朝廷所设史官只管天文历算，并不包办修史。隋文帝决定改变这种状态，他下诏说："人间有撰集国史，臧否人物者，皆令禁绝。"㉟隋代所修《魏书》《周史》《梁史》等皆为奉旨之作。至唐代,官修史书成为定制,太宗置史馆于禁中,专修国史,由宰相监修,下设修撰。此制为以后各朝沿袭,纪传体"正史"从此皆由朝廷掌修。唐代完成的正史有署名唐太宗御撰而由房玄龄等监修的《晋书》,此外有《梁书》《陈书》《北齐书》《周书》《隋书》《南史》《北史》。"二十四史"中有八部完成于唐。

唐代还出现中国第一部系统的史评专著——刘知几(661—721)的《史通》。此书总结历代史著的类别和体制,并提出史家须兼史才、史学、史识三长;又强调直笔,"爱而知其丑,憎而知其善"。刘知几富于疑古精神,对儒家经典多有质疑,认为"五经立言,千载犹仰;而求其前后,理其甚相乖"[41],显示了一种不盲从的理性主义追求。

杜佑(735—812)编纂的《通典》是中国第一部记述典章制度的通史,计有食货、选举、职官、礼、乐、兵、刑、州郡、边防九门。每一制度,条贯古今,溯源明流,通其原委。而以食货置于首位,表明作者认识到经济在社会生活中的基础作用。杜佑反对"非今是古"[42],主张"随时立制,遇弊变通"[43],有进步的历史观。《通典》开典章制度专书的先例,此后遂有南宋郑樵的《通志》、宋元之际马端临的《文献通考》,与其并称"三通";加上清代官修《续通典》《清通典》《续通志》《清通志》《续文献通考》《清文献通考》,合称"九通";再加上民国刘锦藻的《清续文献通考》,总名"十通",为中国典章制度之大全。

>>> 唐代完成的正史有署名唐太宗御撰而由房玄龄等监修的《晋书》，"二十四史"中有八部完成于唐，房玄龄被列入"十八学士"。图为清代余集《十八学士图》。

第七节

吸纳异域与泽被东西

隋唐文化极一时之盛,还表现在以博大的胸怀,如"长鲸汲百川"似的吸收异族外域文化。这首先表现在汉文化对豪强的游牧文化的收纳,使之对细腻的农耕文化起到一种"补强剂"和"复壮剂"作用。隋唐时期的汉族,是受容了鲜卑等胡族的新汉族。隋唐皇室便有胡族血统,如隋炀帝杨广、唐高祖李渊的母亲,都出自拓跋鲜卑的独孤氏;唐太宗李世民生母为鲜卑族纥豆陵氏,长孙皇后父系母系皆鲜卑人,故其子唐高宗李治,承鲜卑血统四分之三,汉族血统四分之一。胡汉血统交会,使时人气质上也"大有胡气",唐诗云"仗剑出门去,孤城逢合围。……还家且行猎,弓矢速如飞"[41],这种豪情正是胡气浸染的结果。而唐文化的开放与拓展精神,与胡化显然有某种内在联系。

唐人不仅广为接受胡乐、胡舞、胡装、胡食,使唐文化热烈多彩,富于阳刚之气,而且以空前规模采撷外域英华,这包括南亚的佛学、医学、历法、音韵学、音乐、美术,中亚的音乐、舞蹈,西亚的祆教、景教、摩尼教、伊斯兰教、医术、建筑术乃至马球。外域文化如"八面来风"涌入唐代中国,使唐文化成为一种"与印度、阿拉伯和以此为媒介甚至和西欧的文化都有交流的世界性文化"⑮,而公元 7 世纪至 8 世纪的唐都长安,更成为一个世界性都市,其鸿胪寺接待七十多国外交使节;其国子学和太学,先后接纳三万余名外国留学生。据统计,长安百余万人中,各国侨民达百分之二十,加上突厥后裔,其数高达百分之五。

唐代采撷外域文化英华,尤其值得一书的是高僧玄奘(602—664)的西游和译经。为求得对佛学的真解,玄奘赴天竺各地,与学者论辩切磋,历十七年方回长安,后译经、论七十余部,与鸠摩罗什、真谛并称中国佛教三大翻译家。他还撰《大唐西域记》,提供研究南亚及中亚古代史地的重要资料。他的传奇性经历在民间广泛流播,元杂剧《唐三藏西天取经》、明小说《西游记》皆从此衍生发展而来。

隋唐在吸纳异域文明的同时,又向外部世界做文明辐射。汉字、儒学、纲常律令、科学技术、中国化佛教都对周边乃至远方发生影响。

一 唐文化与日本文化

公元 4 世纪中叶,大和政权统一日本国土,与南朝颇有交往。5 世纪末,隋统一南北,随即遣大军三十万远征高句丽,日本国大受震动。公元 600 年,日本派出第一次遣隋使,新兴强盛的隋帝国给日本使节留下深刻印象。7 世纪初,圣德太子仿效中国制度,以儒学思想为指导,推行"推古朝改革"。革新初见成效,使日本国统治者更坚定了移植中华文明的信心。唐帝国建立后,政制完备、军事强盛、文化发达,日本国统治者对唐文化敬慕万分,公元 623 年(推古天皇三十一

>>> 唐代采撷外域文化英华，尤其值得一书的是高僧玄奘的西游和译经。图为玄奘和侍者像。

年),自唐回国的留学僧惠齐、惠光等人上奏朝廷:"大唐国者,法式备定,珍国也,常须达。"㊵公元630年,日本派出第一批遣唐使,在此后二百多年中,日本共任命遣唐使十八次。在返日的留学生策动下,公元645年,日本发生著名的"大化革新"。正如"明治维新"以"西洋化"为最高理想,"大化革新"是以"中华化"即唐化为最高理想。新政所推行的班田制与租庸调制以及中央集权的政治制度,都是以唐制为蓝本。公元718年,元正天皇制定《养老律令》,律令规定的官制、兵制、田制、税制、学制几乎都是唐制的翻版。公元701年,日本国皇都迁移至奈良,完全模仿唐长安城样式建设。在奈良朝约八十年间,遣唐使达于全盛。使团组织庞大,团员常多达五六百人。使团中除大使、副使外,还包括留学生、学问僧和各种技术人才。他们"虚至实归",以空前的规模和速度将盛唐文化引入日本。日本的律令大体采用唐律,根据日本国情稍加斟酌损益。日本各级学校以儒家经典为教材,日本佛教宗派则以唐佛教宗派为祖源,东渡日本的鉴真和尚被日本人称为"日本律宗太祖""日本文化的恩人"。日本历法沿用唐历,唐朝制定的新历,日本原封不动地加以采用。日本社会各阶层也深受唐文化浸染,他们吟哦唐诗,雅好唐乐,发展唐绘(即中国风格的绘画),行唐礼,服唐服,食唐式点心("唐果子"),用唐式餐具("具物用汉法"),对唐文明全面汲取。

>>> 日本各级学校以儒家经典为教材,日本佛教宗派则以唐佛教宗派为祖源,东渡日本的鉴真和尚被日本人称为"日本律宗太祖""日本文化的恩人"。这幅鉴真和尚像,创作于15世纪日本室町时代。

二 唐文化与朝鲜文化

中国与朝鲜半岛的文化交往历时久远。还在古朝鲜时期(前 5 世纪至前 1 世纪中叶),儒学与汉字便输入朝鲜。朝鲜三国(高句丽、百济、新罗)时期(前 1 世纪中叶至 7 世纪中叶),三国从不同渠道大规模吸纳中华文明:高句丽从陆路传入儒教,以汉儒的典章制度为重点;百济从海路传入中国南方文明,吸收了六朝的多样性学术思想;新罗则是经过高句丽、百济、间接吸收中华文明。

迨至唐代,高句丽、百济、新罗竞相向唐遣送留学生,入国学学习中华文明。新罗统一朝鲜后,更以唐制为立国轨范。中央仿唐尚书省设执事省,综理国政,下设位和府(掌人事)、仓郡(掌租税)、礼部(掌教育礼乐)、兵部(掌兵马)、左右理方府(掌律令)、例作府(掌工事),一如唐尚书省的六部。此外,又仿唐的内侍省置内省,仿唐的御史台置司正府。在学制上,新罗仿唐置国学,设儒学科和技术科。公元 747 年(景德王六年)国学改为大学监。大学设博士助教若干人,讲授儒学和算学。儒学以《论语》《孝经》为必修,《周易》《尚书》《毛诗》《礼记》《春秋左传》和《文选》为选修。算学以中国《缀学》《三开》《九章》《六章》为教材。新罗亦遣出大量留唐学生。公元 840 年(开成五年),新罗留学生和其他人员学成回国的一次就有一百多人。这些"登唐科第语唐音"的留学生回国后,广为传播儒家文化,诚如唐代皇甫冉诗咏:"还将大戴礼,方外授诸生。"唐玄宗曾赐新罗王诗:"衣冠知奉礼,忠信识尊儒。"新罗民俗也广为沾溉唐风采。真德女王时,采用中国章服之制,"自此以后,衣冠同于中国"[①]。公元644年(文武王四年),"新罗遣人熊津学唐音乐。时唐军留镇熊津,中国声音器物多随以来,东方华风,自此益振"。此外,新罗的姓氏制度与民间节日,都具有中华文明痕迹。新罗时期的佛教,更在中国佛教的直接影响下展开。

三　泽被远西

强盛、深厚的唐文明不仅影响东亚各国的文化面貌,而且将其光辉辐射远西。当然,由于辐射距离增大,其效应不如在东亚地区那么强大。

唐文明对远西的影响主要体现在科技上。公元751年,唐帝国与大食(阿拉伯帝国)在怛罗斯城发生军事冲突,唐军大败,大批士兵被俘,其中有不少造纸、纺织等行业的工匠,中国的造纸业与纺织术遂传入中亚、西亚各国,继之输入欧洲。中世纪的欧洲,尚流行以羊皮作为信息的物质载体。据估计,生产一本羊皮纸的《圣经》至少需要三百多只羊的皮,文化信息的传播因材料的限制,范围狭小。纸的出现,为当时欧洲的教育、政治、商业等活动的蓬勃发展,提供便利的传播物质材料。中国炼丹术的西传,直接推动了阿拉伯炼丹术与欧洲炼丹术的生长,而现代化学便是在欧洲中世纪炼丹术的基础上发展起来的。

中国创立的"十进记数"法在唐代转入印度,直接推动印度数学产生位值数码(即现代通用的印度—阿拉伯数码的前身)。英国学者

>>> 中国炼丹术的西传,直接推动了阿拉伯炼丹术与欧洲炼丹术的生长,而现代化学便是在欧洲中世纪炼丹术的基础上发展起来的。图为明代陈洪绶《炼丹图》。

李约瑟指出:"在西方后来所习见的'印度数字'的背后,位值制早已在中国存在两千年了";"中国的计算人员和星官为印度人发展只需要九个符号的计算方法开辟了道路"。他还指出:"如果没有这种十进位制,就几乎不可能出现我们现在这个统一化的世界了。"

唐帝国又开辟了由南中国海经印度洋到非洲的"陶瓷之路"。沿着这条通道,中国陶瓷运到东南亚,甚至走得更远,穿过印度洋,到达波斯、叙利亚和埃及,也有一些瓷器运达非洲东南岸。

唐文明的对外辐射,有力地推进了世界文明的进程。"唐""唐人""唐字""唐言""唐家""唐山"等海外至今流行的对中国以及与中国相关事物的惯称,生动地显示出唐文明在世界历史上留下了巨大的、不可磨灭的足迹。

注释：

① 《唐大诏令集》卷十一"太宗遗诏"。

② 《隋书》卷三:《炀帝纪》上。

③ 《旧唐书》卷六、卷七:《李勣传》。

④⑤ 《贞观政要》卷八:《务农》。

⑥ 《旧唐书》卷三《太宗纪》下。

⑦⑨ 《资治通鉴》卷一九二、卷一九三。

⑧ 《贞观政要》卷二:《任贤》。

⑩ 杜甫:《冬日洛城北谒玄元皇帝庙》。

⑪ 《旧唐书·鱼朝恩传》。

⑫ 韩愈:《华山女》。

⑬ 《贞观政要》卷六:《慎所好》。

⑭ 《新唐书·徐岱传》。

⑮⑯ 《唐摭言》卷一。

⑰ 白居易:《与元九书》。

⑱ 元稹:《白氏长庆集序》。

⑲ 《敦煌曲校录·望远行》。

⑳㉑㉒㉓㉔㉕㉖ 李白:《公无渡河》《观庐山瀑布》《古风》《梁甫吟》《宿五松山下荀媪家》《丁都护歌》《将进酒》。

㉗ 韩愈:《调张籍》。

㉘㉙ 杜甫:《自京赴奉先县咏怀五百字》《江上值水如海势聊短述》。

㉚ 《旧唐书》卷一六六:《白居易传》。

㉛ 见《元氏长庆集》卷五一:《白氏长庆集序》。

㉜ 《旧唐书》卷一九〇:《贺知章传》。

㉝《东坡题跋》卷五:《书摩诘蓝田烟雨图》。

㉞《隋书》卷六十六:《李谔传》。

㉟《旧唐书》卷一六〇:《韩愈传》。

㊱《韩昌黎集》卷十六:《答李翊书》;卷三十四:《南阳樊绍述墓志铭》。

㊲《原道》。

㊳《苏东坡集·续集》卷十二:《潮州修韩文公庙记》。

㊴《论韩愈》。

㊵《隋书》卷二:《高祖纪》下。

㊶《史通·疑古》。

㊷㊸《通典》:《边防序》《职官》二十二。

㊹崔颢:《古游侠呈军中诸将》。

㊺〔日〕井上清:《日本历史》。

㊻《日本书记》推古天皇三十一年条。

㊼《三国史记》卷二十三:《杂志》第二。

第七章

精致内敛

——五代、两宋

承"安史之乱"后百余年藩镇割据绪余,907年(天佑四年),朱温(852—912)灭唐建梁,此后五十余年间,汉人聚居区相继出现梁、唐、晋、汉、周五个王朝,还有十国(吴、南唐、吴越、闽、楚、南汉、南平、前蜀、后蜀、北汉)并存,史称"五代十国"。长期分裂战乱,人民迫切要求重建"使运悠远"的统一国家,而励精图治的周世宗柴荣(921—957)在接近完成这一大业时英年早逝,七岁儿子即位。值此"主少国疑"之际,殿前都检点(禁军统帅)赵匡胤(927—979)于960年(显德七年)被诸将拥立为帝,是为宋太祖,他"接唐之绪",再度统一中国。宋代始终为北方游牧民族(前有契丹、女真、党项,后有蒙古)所迫,北宋(960—1127)尚能勉强维持一统局面,南宋(1127—1279)则只能偏安江南。

历时三百二十年的宋代素以"守内虚外"著称,就国势的宏迈拓展而论,自不能望汉唐项背,但宋文化的精密深邃又超越前代,在中国乃至世界文明史上占有崇高地位,其遗泽后世者,并不亚于汉唐。近人严复说:"中国所以成为今日现象者,为宋人之所造就什八九。"此非虚语。

第一节
集权与右文

五代十国时期,执掌兵权的将领"大者称帝,小者称王"①,天下被"豆分瓜剖",政权如走马灯,频繁更迭。宋太祖从长治久安计,接受赵普(922—992)建策,改变唐末五代君弱臣强局面,对节镇"夺其权,制其钱谷,收其精兵"②,于是执导"杯酒释兵权",以杜绝石守信(928—984)等将帅重演"黄袍加身"故伎。随即改组禁军,由殿前都指挥使、步军都指挥使、马军都指挥使"三帅"分别统领禁军,又把"三帅"统兵权与枢密院调兵权分开,宰相不过问枢密院,仅为行政首长。每遇战事,统兵将领临时委派,切断唐末五代"亲党胶固"的官兵关系,从而使皇帝成为实际的军事统帅,朝廷控制地方、皇帝驾驭将领,"如臂使指",随心所欲。与此同时,还加强中央军(禁军),削弱地方军(厢军、乡兵、番兵),改变五代军队的军阀性质。又以文臣知州,建立通判制度、转运制度,强化朝廷对地方的监督和财政、物资控制,"遂尽夺藩镇之权"③,使唐末五代近二百年的割据分裂得以终结。但宋代制度导致将不知兵、兵不识将、将在外却事事受朝廷制掣的困局,战力严重削减;中央集权又致使地方虚空,呈现"内重外轻"格局,"州郡遂日就

>>> 宋太祖从长治久安计,接受赵普建策,改变唐末五代君弱臣强的局面,对节镇"夺其权,制其钱谷,收其精兵",于是执导"杯酒释兵权",以杜绝石守信等将帅重演"黄袍加身"故伎。图为明代刘俊《雪夜访普图》。

困弱"④,以致对辽、金作战,常处劣势,"靖康之祸,虏骑所过,莫不溃散"⑤。

为强化中央集权,宋代还采取种种措施,较为成功地防范外戚、宦官、后妃专政。凡此种种,使宋代成为中国专制主义中央集权政治的重要发展阶段。而正是这样一个"集权"的朝代,同时又以"右文"著称,文化政策较为开明。

宋代的"右文",始于太祖、太宗。宋初两位皇帝都是行伍出身,但他们深知可以马上得天下,却不能马上治天下,登帝位后迅速从赳赳武夫一变而为尊儒之君。史载,太祖"性好艺文",太宗更"锐意文史",真宗则"道遵先志,肇振斯文"。"右文"成为宋代三百余年的基本国策。这表现为尊师重道,优礼儒士;网罗文才,选拔俊彦;帝王好学,倡导读书;设立馆阁,编纂图籍,等等。

如果说,标榜"右文"并非宋代一朝的特色,那么,实行较为宽松的文化政策,则是宋代超过前朝,又罕有后继的善政。

宋太祖即位之初便诏示,不得因谏诤诛戮大臣,并于太庙立铁券,信誓旦旦地宣告"本朝誓不杀大臣及言事者",宋代诸帝都遵行此制。现代陈寅恪说,宋代文人言论最自由⑥,其直接原因盖源于此。程颐(1033—1107)称本朝"百年未尝诛杀大臣",苏轼(1037—1101)则进行历史比较:

> 历观秦、汉以及五代,谏诤而死,盖数百人。而自建隆(宋太祖年号——引者注)以来,未尝罪一言者,纵有薄责,旋即超升……⑦

宋代优容文士,其纵论时政也不致受到严重迫害,与宋代为救治

>>> 宋太祖即位之初便诏示，不得因谏诤诛戮大臣，并于太庙立铁券，信誓旦旦地宣告"本朝誓不杀大臣及言事者"，宋代诸帝都遵行此制。程颐称宋朝"百年未尝诛杀大臣"。图为清代上官周《程正公先生遗像》。

"内重外轻"之弊,需要鼓励直谏有关。为了广开言路,宋代将秦汉以来的御史台和谏院从宰相衙门分离出来,发展为独立的台谏制度,以谏官、御史为朝廷之纪纲、人君之耳目。范仲淹、富弼、韩琦、包拯等都是从台谏言官出将入相的。而素有社会批判意识与经世观念的士子们得到台谏制度提供的舞台,发扬先秦"稷下先生喜议政事"⑧的传统,"以天下自任,议论褒贬,无所顾避"⑨。表现在文学创作上,则是"言必中当世之过"的作品涌现,如欧阳修(1007—1072)自述"壮年犹勇为,刺口论时政"⑩;表现在学术研究上,则是勇于疑古惑经,如一反孔子作《易传》(即《十翼》)的习惯说法,"谓《十翼》非孔子之言";一反《周礼》系周公所定习惯说法,"谓《周易》为战国之书"⑪。欧阳修、刘敞(约1008—1069)更对《周礼》《周易》《诗序》本身有所质疑,认为其中多有"自相乖戾,则曲为牵合而不能通也"之处⑫。这正显示出理性主义在宋代的高扬。

"重文"的国策,较为宽松的社会氛围,"取士不问家世",孤寒得以崭露头角,均导致宋代文化繁荣、异论纷呈。王安石(1021—1086)称其时"学术不一,一人一义,十人十义"⑬;程颢(1032—1085)称"方今人执私见,家为异说"⑭,言语间流露批评,却反映了宋代诸说竞存的实际状况。苏轼评议王安石:"网罗六艺之遗文,断以己意;糠秕百家之陈迹,作新斯人。"⑮这种不迷信前哲、不固守经典的创新精神,正是宋代文化的一大特色,也是宋学区别于"谨守训辞,毋得改易"的汉学的所在。

第二节

学校与书院

宋代是中国古代教育发展的关键阶段,学校和书院两种办学形式趋于成熟。

北宋有四次兴学运动,第一次是天圣、景祐时期州县学校大量兴办,第二次是庆历、嘉祐时期太学盛建;第三次是熙宁、元丰时期太学"三舍法"实行;第四次是崇宁以后"三舍法"推广至州县,学校考选代替科举成为取士的主要途径。

宋代学校分官学和私学两大类。官学又分中央官学(如国子学、太学、四门学、律学、武学、医学六门)和地方官学(州县学);宋代还一改唐代限制私学的政策,提倡私人设学,故两宋私学发达,李觏(1009—1059)、张载(1020—1077)、程颢、陆九渊、陈亮(1143—1194)、魏了翁(1178—1237)等著名学者都曾建学馆,教诸生。明代徐有贞说:"宋有天下三百载,视汉唐疆域之广不及,而人才之盛过之。"[16]这与宋代州县学和私学普及,社会文化素质超越前代有关。

书院起源唐代,其时有官立书院(官方藏书、校书、储才之处)和私立书院(私人读书、讲学之所),宋代书院由后者发展而来。

自五代至北宋初年,因官学凋敝,南北各地书院林立。朱熹说:"予唯前代庠序之教不修,士病无所于学,往往相与择胜地,立精舍,以为群居讲习之所。"⑰ 著名者为石鼓、白鹿洞、嵩阳、岳麓"四大书院"。

石鼓书院在今湖南衡阳石鼓山回雁峰下,始建810年左右(唐元和年间),997年(宋太宗至道三年)李士真就遗址重建,南宋朱熹曾为之记。

白鹿洞书院在今江西庐山五老峰下,唐代李渤兄弟隐居读书于此,养白鹿自娱,人称白鹿先生,后李渤任江州刺史,在其地建台榭,名白鹿洞。927年至942年(南唐升元年间)因洞建学馆,北宋间更有发展,1179年(南宋淳熙六年),朱熹(1130—1200)重修白鹿洞,手订"白鹿洞学规",并亲往讲学,还约请陆九渊来此讲《论语》"君子喻于义,小人喻于利"一章。

嵩阳书院在今河南登封太室山南,原名嵩阳寺,五代后周改为太乙书院,宋至道三年(997)改太室书院,景祐二年(1035)更名嵩阳书院。

岳麓书院在今湖南长沙岳麓山,刘鳌初创,976年(北宋开宝九年)朱洞、999年(北宋咸平二年)李允扩建,1015年(北宋大中祥符八年)真宗赐额,岳麓书院名闻天下,被称道为"潇湘为洙泗,荆蛮为邹鲁"。南宋张栻主持教事,朱熹亲往讲学。

两宋书院兴盛,不仅数量增加,而且内容充实,成为藏书、供祀和讲学中心,促成"四方游士"跨区域流动,士人群体意识复苏。政治上党议迭起,学术上学派丛生,文学上诗派各异,均与书院形成的师道系统有关。

如果说,学校生员是科举后备军,读书做官是国学与州县学的基

>>> 岳麓书院在今湖南长沙岳麓山,刘鳌初创,北宋开宝九年朱洞、咸平二年李允扩建,大中祥符八年真宗赐额,岳麓书院名闻天下,被称道为"潇湘为洙泗,荆蛮为邹鲁"。图为岳麓书院。

本目标,那么,书院则以修身养性、探讨学术为矢的。朱熹在所订"白鹿洞书院教务"专门阐明此意:

> 熹窃观古昔圣贤所以教人为学之意,莫非使之讲明义理,以修其身,然后推以及人,非徒欲其务记览,为词章,以钓声名、取利禄而已也。

宋代的书院制度和私人讲学,促进了文化传播和学派形成,使自由议论之风发展,别具一格的"宋学"得以形成和繁衍。

第三节

儒学复兴与理学建构

自东汉魏晋以降,佛学以其精密的思辨和发达的来世观念吸引社会各界,包括学识渊博的士子。至隋唐,佛学大有风靡之势,儒学第一次遭遇异域文化的重大挑战。宋代范育描述这种情势说:"自孔孟没,学绝道丧千有余年,处士横议,异端间作,若浮屠、老子之书,天下共传,与六经并传。"⑬以"分文析字,烦言碎辞"为务的汉学,显然不足以抵挡佛学的弥漫,于是,复兴原始儒学那种"包举宇内,囊括天下"的开放精神,便成为宋人的使命。

以中晚唐日益壮大的儒学复兴为前导,以韩愈、李翱开启的由斥佛、排佛到"援佛入儒"的思想运动为契机,北宋诸子经过多方面努力,终于创建精致的思辨体系——理学。

理学,亦称"新儒学",又称"道学"或"宋学"。所以称为"理学",是因为两宋诸子所创建的思想体系以"理"为宇宙最高本体,以"理"为哲学思辨的最高范畴;所以称为新儒学,是因为理学虽以儒家礼法、伦理思想为核心,但其张扬的孔孟传统已在融合佛、道中被改造,具有焕然一新的面貌;所以称为"道学",是因为宋代理学诸子自认承继尧、舜、

>>> 理学,亦称"新儒学",又称"道学"或"宋学"。宋代理学大致可分为开创、奠基与集大成三个阶段。周敦颐被视为"道学宗主"、理学开山。图为明代仇英(款)《周茂叔爱莲图》。

禹、汤、文、武、周公、孔、孟的道统,并宣称他们的学问以"明道"为目标;所以称为"宋学",是因为清代乾嘉年间,考据学大兴,清儒推崇汉儒,指斥宋代理学空疏,遂以"汉学"与"宋学"对称。

理学虽有众多名目,但究其特质,实是一种以儒学为主体,吸收、改造释、道,涵泳"三教"思想建立起来的伦理本体论。

宋代理学大致可分为开创、奠基与集大成三个阶段。

周敦颐(1017—1073)被视为"道学宗主"、理学开山。这位被称为濂溪先生(因居于湖南营道濂溪而得名)的学者,沿"出入于释老"而"反求诸六经"的路数,以道教《太极先天之图》与陈抟的《无极图》为主要依据,又参照佛教的《阿黎耶识图》,并融会了自古相传的阴阳、五行、动静等观念,构制了《太极图说》,建立"无极"→"太极"→"阴阳"→"五行"→"男女"→"万物"的宇宙生成图式,并从中导出"圣人定之以中正仁义而主静"的结论,从而为理学的发展奠定了方向,以后的理学诸子在修养论上从未离开过"主静""窒欲"这条路径。又依据《易》与《中庸》,以"诚"为最高道德伦理境界,将《太极图说》中的宇宙图式与"诚"→"几"(善几、恶几)→"德"(爱、宜、理、通、守和仁、义、礼、智、信)的伦理范畴沟通,借释道宇宙论、认识论的理论成果以构造伦理哲学。

周敦颐是理学的开创人物,而张载与"二程"则为理学奠基者。

张载(1020—1077)乃陕西关中人,故后人称他的学派为关学。他以"气"为本体,解说宇宙万物的形成变化,深入探讨"天"(宇宙)"人"(伦理)合一的关系。他的代表作《西铭》把人之为人的"所以然之故",上升为宇宙("天地")的"所以然",从而将"人性"与"天地之性"浑然一体,使伦理学获得本体论的论证。张载所提出的"心统性情""天地之性"与"气质之性""德性所知"与"见闻之知"等命题,亦都关乎伦理行

>>> 张载与"二程"则为理学奠基者。张载是陕西关中人,故后人称他的学派为关学。图为清代左宗棠书写的张载语句。

横渠曰書須成誦精思多在夜中或靜坐得之不記則思不起但通貫得大原後書亦易記所以觀書者釋己之疑明已之未達得見每知新益多學進矣於不疑處有疑方是進又曰心經須循理會義理儘無窮待自家去尋

为这一大关目,后来理学诸子无不以这些命题作为基本命题。

"二程"指程颢、程颐两兄弟,居住于洛阳,后人以"洛学"称呼这一学派。"二程"提出"天理"观念,认为"在天为命,在义为理,在人为性,主于身为心,其实一也"[19],充分吸取释、道,融合三家,方体贴出"天理",进而构造出包括自然观、认识论、人性论在内的完整的思想体系。至南宋朱熹,理学更以集大成姿态趋于成熟。

朱熹理论体系的最高范畴是"理","理"在逻辑上先于、高于、超越于万事万物,又是构成万事万物的本体存在。"理"虽超越、主宰万事万物,却又绝非玄妙而不可测,人世间的伦理纲常便是"理"的具象化:"天理流行,触处皆是:暑往寒来,川流山峙,父子有亲,君臣有义之类,无非这理。""天理,只是仁义礼智之总名,仁义礼智便是天理之件数。"宇宙论与伦理学的沟通,使得人世的伦常道德成为一种理性本体,对个体具有一种主宰、统率、命令、决定、先验的作用力。

经朱熹构造,一个庞大的以人的伦常秩序为本体轴心的儒学体系得以建立。孔、孟的一系列思想在这一体系中被加以新的形而上解释,释道两教关于个体修炼与宇宙论、认识论的思想精粹亦被摄取入内。

与朱熹同期的另一位理学家陆九渊(1139—1193),承大程余绪,强调"心即理""心外无理",把"心"作为通万物、同天地的本体,从而发展出与以"理"为本体的客观唯心主义相对立的主观唯心主义。

理学所展开的伦理主体性的本体论,将中国文化重伦理的传统精神推到极致,从而产生复杂的文化效应。

一 礼治秩序重建

宋明理学对中国文化至为紧要的影响之一,便是在新的哲学基础上重建传统礼治秩序。

"礼"由初民的祭祖仪式发展而来,经孔子、子思、孟子、荀子以及董仲舒等的反复改铸,终至形成完整的哲学体系与礼仪程序,有力地规范着人们的生活行为、心理情操以及是非善恶观念。

理学家们对"礼"重新诠释,使"礼"在以"理"为最高范畴的伦常系统中获得至关紧要的地位,"礼"的权威性在更高的层次上得以确认。

理学家们不仅高扬"礼"在宇宙大系统中的位置,而且对现实的礼仪秩序加以描画。其总体特征便是在人伦关系中强制注入以"理"为依据的尊卑名分。"二程"说:"父子君臣,天下之定理,无所逃于天地之间。"[20]朱熹说:"亲亲之杀,尊贤之等,皆天理也。"[21]经过"天理化"的人伦关系形成一个具有贵贱等差秩序的网络。

二 "内圣"经世路线高扬

理学的又一深刻影响,便是将传统的"内圣"之学提到空前的本体高度,从而造成中国经世路线的转向。

经世,亦即治世,是中国儒学传统的精义。在原始儒学中,它既

>>> 理学家们不仅高扬礼在宇宙大系统中的位置,而且对现实的礼仪秩序加以描画。其总体特征便是在人伦关系中强制注入以"理"为依据的尊卑名分。朱熹说:"亲亲之杀,尊贤之等,皆天理也。"图为朱熹等人与《行书瀚文稿》。

包括客观功业的"外王"之学,也包括主体自觉的"内圣"之学。儒学创始人孔子便主张学人事的"下学"与达天命的"上达"彼此系于一线,不应相互割裂。

然而,孔子以后,"内圣""外王"之学分途发展。荀子力扬"外王"之学,孟子则发挥"内圣"之学。

应该说,自秦汉至隋唐,以迄宋初,"内圣"之学并非十分行时,秦皇、汉武、唐宗、宋祖们实践"外王"经世路线,赢得了显赫的威权和功业。然而,随着君权的日益强化,统治者发现,仅有外在事功是不够的,也是不牢靠的,还需要按照某种特定模式塑造人们的灵魂,训练勤谨而又安分的百姓。士人们则意识到,欲实现儒家政治思想,除了教化百姓、培养恪守礼义的顺民外,还应有一种关于心灵修养的学说来教化统治者,直至皇帝本人,通过"格君心之非"促使其"行善政",此即所谓"正心以正朝廷"。在世界许多民族和国度的中世纪,涉及灵魂铸造与限制君权的任务是由宗教和神学完成的。而在中国,宗教和神学虽然也发挥过相当作用,但铸造人们灵魂(其中包括教化君主)的使命主要落到儒学身上。这样,思孟学派所发挥的"内圣"之学便在理学家手中重整旗鼓,长足发展。在理学的理论框架中,正心诚意的内在"修身"是"经世"的根本。只有先"正心诚意",然后才谈得上"治国、平天下",只要能做到"正心诚意",自然就会"国治民安"。

对于理学家们高扬"内圣"之学,南宋叶适(1150—1223)、陈亮(1143—1194)曾力加抨击。他们反对把心性论当作儒学根本,而倡言事功,主张士人全力研究政治、经济、军事等社会实际问题。然而,永康(陈亮)永嘉(叶适)学派在元明两代并未得到发展。理学朱陆两派大盛于天下。以"内圣"控"外王"的经世路线深刻影响于当时,更深入浸润中国文化性格。

三 理想人格的建树

理学是一种伦理主体的本体论,它孜孜讲求"立志""修身""涵养德性,变化气质"以完成"内圣"人格。其意蕴有三:

一曰"孔颜乐处"。指圣贤之乐不在外物,而在自我,自我意识到自身与万物浑然一体,达到"与天地合其德,与日月合其明,与四时合其序,与鬼神合其吉凶"的真、善、美、慧高度统一的境界。

二曰"民胞物与"。张载在《正蒙·西铭》中提出"民吾同胞,物吾与也"的命题。意为百姓都是我的同胞,万物都是我的朋友。这种民胞物与的博大胸怀,体现出一种广阔的"宇宙意识",并可引发出强烈的社会道德责任感与庄严的历史使命感。

三曰"浩然正气"。执着于人格理想与道德信念,不为任何外来压迫所动摇。

理学建树理想人格,对于中华民族注重气节、注重道德、注重社会责任与历史使命的文化性格无疑产生深远影响。张载庄严宣告,"为天地立心,为生民立命,为往圣继绝学,为万世开太平",显示伦理主体性的崇高与伟大。文天祥在异族强权面前,正气浩然,风骨铮铮。即使屠戮在即,亦绝不屈膝。"人生自古谁无死,留取丹心照汗青。"由张载、文天祥所传递出来的社会责任感、历史责任感以及道义责任感,闪烁着理想人格的灿烂光辉。

第四节

宋词与文士雅趣

中国诗潮至晚唐有一番大的转折,这就是"诗衰而倚声作",词登上文坛,并成为宋代文学的主要样式。

起于民间的词,虽与诗同以抒情为职志,但词与诗相较,有两大特征:(一)词的精神属于"歌"的世界,而不像诗那样很早就从"歌"中独立出来;(二)在表现中国文人的精神和气质上,词更为集中化、典型化,是中国文人的特殊形态的"歌"。

北宋初的柳永,承晚唐及五代文人词风,推出流行一时的"文人俗词",其创作主体为文人,内容上多写秦楼楚馆的男欢女爱。而婉约派词人如晏殊(991—1055)、秦观(1049—1100)等则使词"雅化""纯化",并"将身世之感,打并入艳情",意境显得深厚浑融。

在词的文人化过程中,苏轼发挥了关键作用。这位于诗、文、书、画均有极高造诣的才子,其词作兼具精妙与宏阔,以一种"超然乎尘垢之外"的"逸怀浩气",一新天下耳目。

雅化了的宋词,主要呈现阴柔美。晏殊的温润秀洁、欧阳修的俊深沉着、柳永的旖旎委婉、秦观的凄清含蓄,使婉约词风发挥得淋漓尽

>>> 北宋初的柳永,承晚唐及五代文人词风,推出流行一时的"文人俗词",其创作主体为文人,内容上多写秦楼楚馆的男欢女爱。图为清代费丹旭《杨柳岸晓风残月词意》。

致。"彩袖殷勤捧玉钟,当年拼却醉颜红"[22];"衣带渐宽终不悔,为伊消得人憔悴"[23];"漠漠轻寒上小楼,晓阴无赖是穷秋,淡烟流水画屏幽"[24],境皆小而狭,却形象精致,蕴含微妙,于景物涂上细腻的主观感情色彩。

当然,宋词也有另一番风貌,这便是由苏轼开创,以辛弃疾(1140—1207)为代表的豪放词风。苏轼的"大江东去,浪淘尽,千古风流人物"[25],写景如画,波涛在眼;胸襟壮阔,笔力遒劲,人称"古今绝唱"。岳飞的"怒发冲冠,凭阑处,潇潇雨歇。抬望眼,仰天长啸,壮怀激烈"[26],气概雄健,千载下读之,仍凛凛有生气。辛弃疾的"醉里挑灯看剑,梦回吹角连营。八百里分麾下炙,五十弦翻塞外声,沙场秋点兵"[27],横放杰出,深沉悲壮。后人以"苏海辛潮"形容宋词豪放派词作,颇为得体。

宋代词人有婉约派与豪放派两大类别,但同一词人也可能兼有两种风格的作品,如女词人李清照(1084—约1151)是婉约派代表之一,她的《声声慢》连用"寻寻觅觅,冷冷清清,凄凄惨惨戚戚"十四叠字,尽述孤独无依的心情和处境,为婉约词风的名篇。而正是这位李清照,后期也有《夏日绝句》"生当作人杰,死亦为鬼雄。至今思项羽,不肯过江东"这样别具壮采的豪放作品。

宋词雅,宋画也雅。士大夫参与绘画,向绘画中输入自身特有的文人气质并非自宋代始,但至宋代,士大夫方以一种自觉的群体意识投入绘画,把绘画纳入文人生活圈。

应该说,将绘画纳入上流艺术的观念早在唐代便已出现。张彦远在《历代名画记·论画六法》中言:"自古善画者,莫匪衣冠贵胄、逸人高士,振妙一时,传芳千祀,非闾阎鄙贱之所能为也。"此语已将绘

>>> 宋代词人有"婉约派"与"豪放派"两大类别,但同一词人也可能兼有两种风格的作品,如女词人李清照是"婉约派"代表之一。图为近代倪田《济南李清照酚醿春去图照》。

画艺术的美学价值直系于文人士大夫之身。至宋代,这一观念日益强烈。苏轼在《跋宋汉杰画山》一文中,首次明确提出"士人画"这一观念。

苏轼所谓"士人画",亦即中国美术史上的"文人画",其艺术特征有三个方面。

一 诗、书、画一体

中国文人本来就追求包括诗、书、棋、琴、画在内的高雅修养,随着文人士大夫地位的日益提高,群体意识的日益强烈,绘画在这一阶层的心目中,已不再被看作单纯的再现性艺术,而被更多地作为寄兴、寓意、怡情的手段。正是从这一基点出发,士人们渐益明确地意识到绘画同言志抒情的诗歌,以及任情恣性的书法有着内在的共通的联系。"以诗为有声画,画为无声诗。盖诗者心声,画者心画,二者同体也。"⑳

二 格调高雅

正如宋代文人在词的创作中推重"高雅"、竭力推进词的雅化一样,宋代画家也以前所未有的关注,强调绘画之高雅。宋代偏爱画竹、画梅、画菊,以寓示自己的高风亮节。正如周敦颐《爱莲说》所称:"予谓菊,花之隐逸者也;牡丹,花之富贵者也;莲,花之君子者也。"

三　神韵超然

宋代文人将绘画看作宣泄自身情感与表现自我的一种艺术手段,抛弃绘画中的"形似"手法,高度强调神韵。黄庭坚言:"书画以韵为主。"沈括在《梦溪笔谈》中说:"书画之妙,当以神会,难可以形器求也。"

宋代文人以其特殊的气质投入艺术创作,亦以独特的审美观去装饰、赏览周围的生活环境。文房自然成为文人美感所浸染的首冲之地。

文房之中最基本的用具是笔、墨、纸、砚"四宝",它们应实用而产生,在其后的发展中则越来越富于装饰性、赏玩性。砚讲究质之坚腻、琢之圆滑、色之光彩、声之清冷、体之厚重、藏之完整、传之久远;纸讲究原料的精细及外观上的视觉美感,由纹理、颜色、彩绘、暗花陪衬的纸张,北宋以后大为流行;笔着重于笔管的装饰,宋代文人累有以沉香、松梗管的笔相馈赠,特重其天然淳朴的美感。在宋及宋以后的文人手中,"文房四宝"不仅是书画工具,而且是颇富文人情趣的工艺品。

文士们在对笔、墨、纸、砚等文具考索之余,还热衷于古器物收藏。古物收藏原为帝王之家的习尚,但至宋代,收藏金石的风气大为流行于文人之中,昔日不可亲近之庙堂重器被引入书斋,成了赏玩陈设。

>>> 苏轼在《跋宋汉杰画山》中,首次明确推出"士人画"这一观念。苏轼所谓"士人画",亦即中国美术史上的"文人画"。正如宋代文人在词的创作中推重"高雅"、竭力推进词的雅化一样,宋代画家也以前所未有的关注,强调绘画之高雅。宋代偏爱画竹、画梅、画菊,以寓示自己的高风亮节。正如周敦颐《爱莲说》所称:"予谓菊,花之隐逸者也;牡丹,花之富贵者也;莲,花之君子者也。"图为金代武元直《赤壁图》。

第五节

市井风采

宋词、宋文、宋画、宋代文玩以及宋代理学,构成一个精致而又森严的贵族世界,而在这一世界之外,别有一种文化形态崛起。这就是在熙熙攘攘的商市生活、人头攒动的瓦舍勾栏中成长起来的野俗而生动的市民文化。

市民阶层的崛兴,还得追溯至中唐。"安史之乱"造成唐帝国空前的离乱,带来严重的经济危机,朝廷不得不求援于粮盐转运,容忍商人更为活跃地发展。于是,商人资本迅速扩张起来。商人阶层与商人资本的发展,造成晚唐、五代、宋的城市扩大,商市扩充,市民云集,社会结构随之发生变化。

北宋立都于时称汴州的河南开封,号为东京开封府,又有汴京之称。北宋画家张择端,以《清明上河图》展现开封城生动具体而又典型化的历史画面。今日开封的宋都一条街、香港九龙的"宋城",便是依据《清明上河图》描绘的宋都汴京建筑的。

《清明上河图》是一幅长五百二十五厘米、宽二十五点五厘米的长卷画,它以外城内东南角侧的城郊为起点,向西沿着汴河溯流而上,经过内城通津门外的士桥、东角子门,到繁华的保康门街戛然而止。缓缓展开它,你仿佛走入了那喧嚷而久远的都市世界……

汴水桥上人头攒动,肩摩毂击,汴京城中更是熙熙攘攘。史学家们估计,北宋东京大约有一百三十多万人口,人口密度每平方公里三万八千人左右。

在图中拥挤的人群中,军士的形象不时闪现。他们矫健的身形使人想起《水浒传》中八十万禁军教头——"豹子头"林冲。

那些骑马乘轿、被前呼后拥的达官贵人,也是汴京的重要成员。他们在城内外广筑第宅,竞比豪华。宋代孟元老曾说,东京官员宅舍之多,使他"不欲遍记"。

图中更为大量出现的是中小商人、手工业者、摊贩、苦力、脚夫,以及奴仆、尼姑、道士、走江湖的郎中、看相算命的占卜先生,三教九流,一应俱全。有人挑担,有人抬轿,有人拉车,有人驾马,有人手推小车边走边卖,也有人衣衫褴褛沿街乞讨。这是一幅多么生动的市井风情图。

市民文化从一诞生起,便显示出一种野俗的活力与广阔的普及性。

由中唐开始发端的市民文化至宋代有更为紧要的发展。宋代的商品经济更加发达,商市的规模远远超过唐代。为适应市民阶层的需要,在一些繁华的大都市,出现了市民文化表现自我的固定游艺场所——瓦舍。

瓦舍是百戏荟萃之地,每个瓦舍里划有多个专供演出的圈子,称为"勾栏"。众多勾栏,上演令人眼花缭乱的文艺节目,如杂剧、杂技、讲史、说书、说浑话、皮影、傀儡、散乐、诸宫调、角抵、舞旋、花鼓、舞剑、

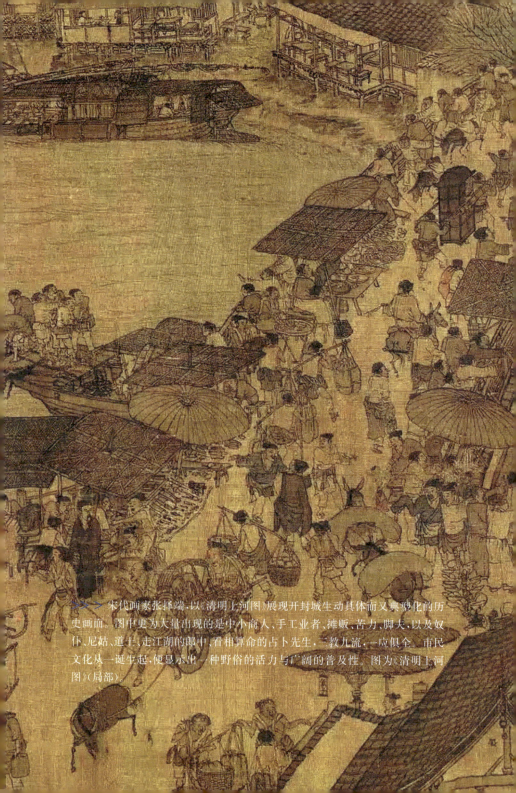

◁◁▷ 宋代画家张择端,以《清明上河图》展现开封城生动具体而又典型化的历史画面。图中更为大量出现的是中小商人、手工业者、摊贩、苦力、脚夫,以及奴仆、尼姑、道士、走江湖的郎中、看相算命的占卜先生,三教九流,一应俱全。市民文化从一诞生起,便显示出一种野俗的活力与广阔的普及性。图为《清明上河图》(局部)。

舞刀……瓦舍中的观众也很驳杂,以市民为主,也有军卒、贵家子弟——郎君、文士书生、官僚幕客,可谓士庶咸集,老少毕至。正统文士将瓦舍称为"放荡不羁"之所,正表明这是充分展示市民情趣、市民口味的另一个文化世界。与此同时,适应瓦舍演出需要,一批被人称为"书会先生"与"京师老郎"的文人应运而生。他们的文化修养和艺术见解高于一般艺人,从而得以运用较为娴熟的文字表达功夫和较丰富的历史知识创作戏剧脚本和"说话"话本,中国市民文学因此出现一种专门化的趋向。

"说话"是宋代民间文学中最为重要,影响巨大的一种伎艺。

宋代"说话"有四大家之分。一为"小说",二为讲史,三为讲经,四为合生或说浑话。如北宋汴京有霍四究专说三国故事、尹常卖专说五代故事。南宋杭州讲史有乔万卷、许贡士等二十三人,说经、浑经有长啸和尚、彭道士等十七人,"小说"有蔡和、李公佐、张小四郎等五十二人。而在"说话"四家中,"小说"与讲史又最受听众欢迎。

宋代"小说"话本以爱情、公案两类作品最多。在以爱情为主题的作品中,市井细民成为故事中的主人公。青年男女对于爱情的倾慕和执着追求,受到"说话"人的热情肯定。

讲史是颇得宋人喜好的另一种"说话"。讲史大都取材于正史,以史实为根底增饰细故,加以虚构,因此,它既是一种史学活动,又是一种文艺活动。讲史以一种通俗生动的方式,将历史知识、历史观念普及深入民众之中。

宋杂剧是瓦舍勾栏中演出的重要项目。《都城纪胜》在记述"瓦舍众伎"时特别指出,"唯以杂剧为正色"。《东京梦华录》也记述了瓦

>>> 宋代的商品经济更加发达,为适应市民阶层的需要,出现了市民文化表现自我的固定游艺场所——瓦舍。每个瓦舍里划有多个专供演出的圈子,称为"勾栏"。众多勾栏,上演令人眼花缭乱的文艺节目,如杂剧、杂技、讲史、说书、说浑话、皮影、傀儡、散乐、诸宫调、角抵、舞旋、花鼓、舞剑、舞刀……瓦舍中的观众也很驳杂,可谓士庶咸集,老少毕至。图为宋代李嵩《观灯图》(局部)。

舍勾栏因搬演一出杂剧而"观者增倍"的情形。

宋杂剧是对应市民审美心理结构的物态形式,这一由瓦舍勾栏锻铸出来的艺术随着都市经济的发展,迅速流泽四方,直接孕育了光彩夺目的元杂剧诞生。

第六节

科技华章

宋代是中国古代经济关系发生新变化的关键时期。唐中叶以来出现的地主—自耕农以购买方式占有土地,至宋代已经确立。地主及自耕农发展生产的热忱高涨。社会生产力得到发展,既为科学技术提供了较雄厚的物质基础,也对科技发展提出了要求,加之朝廷对军器、船舶制造的奖掖,"吏民献器械法式者甚众"[20]。

宋代科学技术的发展以唐代科技为先导。唐代王孝通在《缉古算经》中所应用的三次方程,唐代僧人一行所发明的"不等间距二次内插法",唐代工匠所创制的"轮船""车弩"(用绞车拉弦的巨型弩)以及其他机械制造和建筑工程都直接促成宋代科学技术的创新与长足进展。

一　指南针、印刷术、火药武器

宋代科技最为突出的成果，便是为人类文明贡献出指南针、活字印刷术和火药武器三项重大发明创造。

早在战国时代，我国人民即已发现磁石的指极性，并开始以磁石制作指示南北的工具——司南。宋代以后，磁石的功能更引起普遍的关注并被广泛引入指向仪器的制作中。北宋初年的曾公亮(998—1078)，在《武经总要》一书中首先介绍了指南鱼，即将薄铁叶裁成鱼形，用地磁场磁化使它带有磁性，于行军需要时，浮在水面，指示方向。沈括则提到指南针，即以天然磁石摩擦钢针，使钢针内部磁畴的排列规则化，具有磁性。指南针的制作既简便又有效，从而为具有实用价值的磁体指向仪器的产生，创造了重要的技术条件。南宋陈元靓在《事林广记》中还介绍了另外两种当时流行的指南针，即木刻的指南鱼和木刻指南龟，均能自由转动，指向南方。

指南针一经发明，很快就被应用于航海。北宋的朱彧在《萍州可谈》中云："舟师识地理，夜则观星，昼则观日，阴晦则观指南针。"足见指南针在航海上已相当重要，使人们获得全天候航行的能力。

印刷术发明于唐代，最初流行的是雕版印刷。宋代雕版印刷颇为盛行。971年(宋太祖开宝四年)，在成都展开了板印《大藏经》的巨大工程，经过十二年的努力，全部《大藏经》计一千零七十六部、五千零四十八卷雕印完工，雕版共十三万块，可见刻工之众多与技术之优良。

>>> 指南针一经发明,很快就被应用于航海。北宋时指南针在航海中已相当重要,使人们获得全天候航行的能力。图为当代焦洋《指南针与航海》

在雕版印刷发展趋于鼎盛的基础上,宋代毕昇(？—约1051)发明了活字印刷术。他的方法是用胶泥刻成单字,入火烧烤,使之坚硬,成为字模,然后排列起来进行印刷,印刷速度大为提高。这一技术成就由沈括(1031—1095)的《梦溪笔谈》记载。

火药的应用在宋代有重要进展,火药武器普遍使用。北宋末年,在抗金战争中出现"霹雳炮""震天雷"等杀伤力较大的火炮。南宋末娄钤辖守静江月城,当元兵攻城时,娄钤"令所部入,拥一火炮燃之,声如雷霆,震城土皆崩"。城外元兵多惊死者,城上守兵二百多人也被炸成灰烬,与城俱亡,可见其威力之巨大。南宋初年,陈规发明管形火器,近代枪炮就是从管形火器发展起来的。蒙古人在对宋金作战中学到制造火药、火器的办法,并在征服欧洲的战争中大规模使用火器。故有学者以为,宋金元开始了火药武器时代。

指南针、活字印刷术、火药武器发明后,迅速传入欧洲,影响欧洲文明的进程。印刷术在欧洲出现,把学术、教育从修道院中解放出来,从而为当时欧洲的宗教改革运动和反封建斗争提供有力武器;火药在城市市民反封建的斗争中发挥极大威力,"以前一直攻不破的贵族城堡的石墙抵不住市民的大炮。市民的枪弹射穿了骑士的盔甲,贵族的统治跟身披铠甲的贵族骑兵队同归于尽了"[⑳];指南针的使用,为远洋航行创造了有利条件。马克思对于火药、罗盘、印刷术的世界意义曾做总体性的阐述:"火药、罗盘、印刷术——这是预兆资产阶级社会到来的三项伟大发明。火药把骑士阶层炸得粉碎,罗盘打开了世界市场并建立了殖民地,而印刷术却变成新教的工具,并且一般地说变成科学复兴的手段,变成创造精神发展的必要前提的最强大的推动力。"[㉑]

二　天文学

宋代是中国天文学史上最为绚烂的时代，举凡天象的观测与记录、星图的绘制、观象与计时仪器的改良、历法的修订，及宇宙理论的推衍，莫不有卓越成就。

在天象观测方面，北宋科学家沈括在《梦溪笔谈》中留下了一则有关宋英宗年间陨石的详细记载，记载中除了观察到陨石是流星体坠落地面的残余部分，还注意到陨石的成分，"色如铁，重亦如之"。是年当为公元1064年（宋英宗治平元年），比西方人1803年才对陨石有正确认识要早七百余年。

新星和超新星观测，是宋代天文学家的一项重要成果。《宋会要》记载："嘉祐元年三月，司天监言客星没，客去之兆也。初，至和元年五月，晨出东方，守天关，昼见如太白，芒角四出，色赤白，凡见二十三日。"近几十年来，天文学家已广泛承认天关星附近的蟹状星云就是1054年（宋仁宗至和元年）爆发的超新星遗迹。对于恒星观测，宋代天文学家也十分注意。从1010年至1106年近百年间，宋人进行了五次大规模的恒星位置观测工作，并在此基础上画成星图刻在石上，这就是举世闻名的苏州石刻天文图。该图面积八乘二点五尺，刻星一千四百三十多颗。

我国古代传统的天文仪器——漏壶、圭表、浑仪、浑象等，在宋代都发展到高峰。沈括在这方面的贡献尤为突出。北宋苏颂和韩公廉

>>> 在天象观测方面,宋代科学家沈括在《梦溪笔谈》中留下了一则有关宋英宗年间陨石的详细记载。图为当代尉晓榕、卢志强《沈括与〈梦溪笔谈〉》。

所建造的水运仪象台是宋代重要的发明创造。这个水运仪象台在世界天文史和钟表史上占有非常重要的地位:(一)为了观测上的方便,仪象台的屋顶做成活动的,从而成为今天天文台圆顶的祖先;(二)浑象一昼夜自转一圈,不仅形象地演示了天象的变化,也是现代天文台的跟踪机械——转仪钟的祖先;(三)苏颂和韩公廉所创造的擒纵器,是后世钟表的关键部件,因此,它又是钟表的祖先。

在宇宙论方面,宋代理学家贡献殊多。张载在《正蒙·参两篇》中说,"地在气中",而"地有升降,日有修短;地虽凝聚不散之物,然二气升降其间,相从而不已也"。他把地球运动的原因归之于气的升降,指出地球在空间中是悬浮的,处在不停地运动中;地球上四季的交替不是由于外界的原因,而是地球本身运动所致。这种宇宙模型论比起前人来,在认识论上是一个重大进步。朱熹对于宇宙生成有一种精彩的猜想。他说:"天地初间,只是阴阳二气。这个气运行,磨来磨去,磨得急了,便拶许多渣滓,里面无处出,便结个地在中央。气之清者便为天,为日月,为星辰,只在外常周环运转。地便在中央不动,不是在下。"②此论与康德的星云演化学已较为接近。关于宇宙是否有限的问题,宋代理学家都参与积极的讨论。张载在《正蒙·太和篇》中言"气坱然太虚,升降飞扬,未尝止息",表达了在无限空间里运动着的物质普遍存在的思想。宋元之际的邓牧(1246—1306)在《伯牙琴·超然观记》中指出:"天地大也,其在虚空中不过一粟耳,而况大涤在天地之间哉?虚空,木也,天地犹果也;虚空国也,天地犹人也。一木所生,必非一果;一国所生,必非一人。谓天地之外无复天地焉,岂通论耶?"此说在对宇宙无限性的认识上达到相当高的水平。

三 数学

北宋数学家贾宪所提出的"开方作法本源图"("贾宪三角"),比法国数学家巴斯卡(Pascal,1623—1662)提出同样成果早六百多年;由贾宪率先提出,南宋秦九韶(1202—1261)最后完成的"秦九韶程序"——增乘开元法,把我国高次方程数值解法推进到一个新阶段。在欧洲,直到1804年与1819年才分别由意大利人鲁菲尼(Ruffini,1756—1822)、美国人霍纳(Horner)提出,比起秦九韶来要晚五百多年。秦九韶还有一突出成就,这就是把《孙子算经》中"韩信点兵"问题的解法系统化,提出"联立一次同余式"的解法,并正式命名为"大衍求一术"。在欧洲,最早接触一次同余式的,是和秦九韶同时代的意大利数学家斐波那契(Fibonacci,1175—1250),但其研究水平远远低于秦九韶。直到18世纪、19世纪,1745年大数学家欧拉(Euler,1707—1783)、1801年高斯(Gauss,1777—1855)对一般一次同余式进行了详细研究,才重新获得和秦九韶"大衍求一术"相同的定理。19世纪中叶,来华英国传教士伟烈亚力(Wylie,1815—1887)将"大衍求一术"传到西方,西方学者莫不对秦九韶加以赞叹。德国数学史家康托(Cantor,1845—1918)称誉秦九韶为"最幸运的天才"。美国科学史家萨顿(Sarton,1884—1956)则称赞秦九韶是"他那个民族,他那个时代,并且确实也是所有时代最伟大的数学家之一"。在世界数学界,"大衍求一术"获得"中国剩余定理"之称。

>>> 宋代秦九韶最后完成的"秦九韶程序"——增乘开元法,把我国高次方程数值解法推进到一个新阶段。图为秦九韶塑像。

宋代科技的辉煌发展是全方位的,地理学、地质学、医药学、冶金术、造船术、纺织术、制瓷术都有令人炫目的成就。这也是一个科学家辈出的时代,"百科全书式"的人物沈括"于天文、方志、律历、音乐、医药、卜算,无所不通,皆有所论著"③,且创见迭出。其他如创造火箭的唐福、冯继升,数学家贾宪、刘益、秦九韶、李冶(1192—1279)、杨辉,地图学家朱思本(1273—？),农学家陈旉(1076—1156),机械制造家燕肃(961—1040)、吴德仁,名锻工刘美,造炮工亦思马因(？—1274),水工高超,木工喻皓,船工高宣,创造新船型的项绾、冯湛、秦世辅、马定远,发展海运的朱清、张宣,著《营造法式》的李诫,著《武经总要》的曾公亮、丁度,创造水运仪象台的苏颂、韩公廉以及首创活字印刷术的毕昇,皆在中国科学技术史上留下不可磨灭的足迹。正是经由他们的努力,宋代成为中国古代科技史的巅峰时期。

第七节

文运南移

中国从上古直到西晋末,北方经济和文化发展的水平超过南方,汉文化的核心地带一直在黄河中下游,汉民族的政治和文化活动,以黄河及其支流渭河的河谷为轴线,呈东西向,中国的几个著名古都——长安、洛阳和开封等,皆分布在这一轴线上。然而,自东汉末年,北方的中国文化遭到一次又一次的巨大冲击,从而发生了文化重心南向转移的运动。经东晋,至两宋,这种文运南移的趋势更加强劲。

第一个逼使中国文化南向转移的大波澜是西晋的"永嘉之乱"以及接踵而至的诸胡入主中原。

"永嘉之乱"后政治局面的混乱以及外族入侵的巨大压力,迫使汉族士民大规模南移。正如清代陆次云《咏史》诗所谓:"北人避胡多在南,南人至今能晋语。"汉族士人将北方固有文化传播至南方,大大促进了南方衣冠文明的长足发展。大量劳动人手的投入,则使南方经济开发展现一种全新局面。

南方一经开发,借气候与江河舟楫之利,经济迅速发展,至唐初,南方经济开始超越北方,但文化中心仍在北方。

第二个迫使中华文化中心向东南推进的大波澜是"安史之乱",黄河中下游地区经过浩劫,残破不堪,继之而来的藩镇割据与政局动荡使士民再次大规模向南迁移。南方州郡的人口因此迅速增加,经济发展亦已远超北方,"军国费用,取资江淮"。江南已为"国命"所系。

然而,中国经济重心虽在唐末完成由北向南的转移,但全国文化的重心还滞留在长安—开封—洛阳的东西轴线上。至北宋,文化中心形成南趋态势。"二程"在洛阳讲学,弟子却以南人居多。故程颢送他的大弟子杨时南归时,就有"吾道南矣"㉞之语。词为宋代文学的主体,就地域性而论,其风格、题材、情调均具有"南方文学"品性。北宋的词家,前期如晏殊、欧阳修、张先、柳永等,全是南人,后期的苏轼、黄庭坚、秦观、周邦彦、李清照等,也多数生长于江南或其周边。当时画家与书法家中亦南人颇多。宋代书籍大多刊印于杭州,从流传后世的宋版本来看,也以出于江南地区为独多。

爆发于1126年的"靖康之难"给予文化中心南迁以有力推动。是年,金人攻破汴京,随之统治北方一百多年。宋室如同当年晋室,南渡江南。和宋室南渡相先后,"中原人士扶携南渡几千万人"。以此为契机,中国文化的南迁终于完成。

一 杭州—苏州构成南北向文化轴心,取代了开封—洛阳东西向轴心

南宋范成大流连苏杭,不禁在《吴郡志》中发出"天上天堂,地下苏

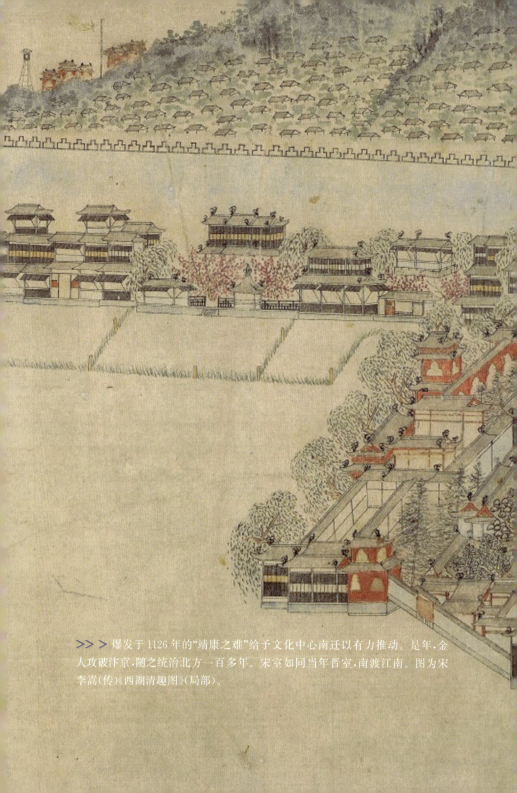

>>> 爆发于1126年的"靖康之难"给予文化中心南迁以有力推动。是年,金人攻破汴京,随之统治北方一百多年。宋室如同当年晋室,南渡江南。图为宋李嵩(传)《西湖清趣图》(局部)。

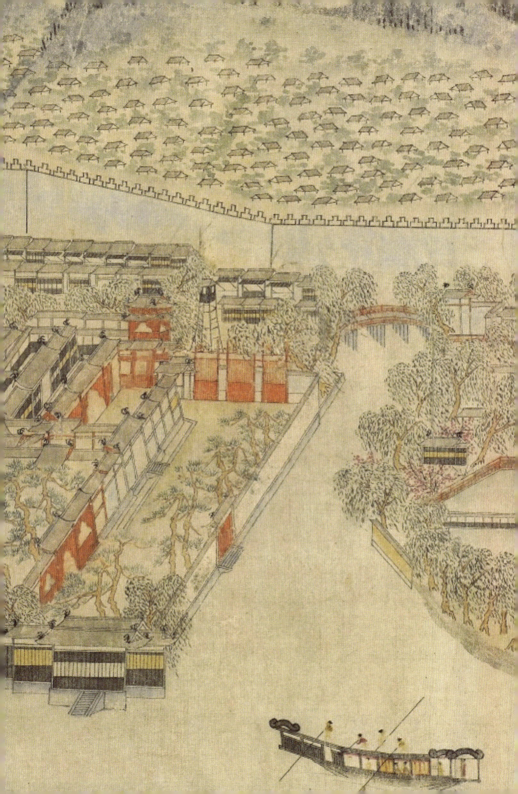

杭"的由衷赞叹。而此时北方的汴京，"荆棘遗骸，交舞道路，止存民居千余家"。"北地称真定府最为繁华富庶，有南人北游归而言曰：'曾不及吴城十之二一'。他州城郭，更荒凉不足取。"苏、杭二州不仅富庶繁华，而且具有一种文化中心的功能。

二　政治中心人物南方化

政治中心具有代表性人物籍贯分布的改变，是文化中心迁移态势的外在显现。三国孙吴、东晋和南朝时，江南虽曾是偏安王朝的统治重心，经济开发亦有一定规模，但文化发展却相对滞后，中央政权基本上为北人所垄断。唐代情形也大体如此，根据《唐宰相世系表》，唐宰相总计人数三百六十九人，其中十分之九皆为北人。北宋太祖、太宗两朝，将相重臣几乎全是北人。北宋中叶以后，南人当宰相的渐多。浙江曾有二十四人担任宰相，北宋四人，南宋二十人。

三　学术中心的南移

唐至北宋学术中心位于洛阳、洙泗一线，南宋时则迁转到福建。北宋末年，福建人杨时受学于"二程"，载道南归后，福建遂成为宋学中心。朱熹虽籍贯为江西，但实际生于福建，居于福建，死于福建。他所创立的学派故称为闽学。道学中的重要人物如胡安国、罗从彦、李侗、蔡元定、蔡沈、黄干、真德秀都是福建人。朱熹十分敏感地注意到中国学术中心的南移。他云:"岂非天旋地转,闽浙反为天地之中?"⑤从南宋直至近代,南方学术文化始终领导中国学术文化潮流所向,成为学术中心所在。

注释：

① 《新五代史》卷三十九,《刘守光传》。

② 司马光:《涑水记闻》卷一。

③④⑤《朱子语类》卷一二八。

⑥ 陈寅恪:《论〈再生缘〉》。

⑦ 苏轼:《上神宗皇帝书》。

⑧ 刘向:《新序》卷二,《杂事第二》。

⑨ 《河南程氏遗书》附录。

⑩ 《居士集》卷五《述怀》。

⑪ 《温国文正司马公文集》卷四十五。

⑫ 《易童子问》卷三。

⑬ 《文献通考》卷引,《选举四》引。

⑭ 《河南程氏文集》卷一,《请修学校尊师儒取士札子》。

⑮ 《苏轼文集》卷三十八,《王安石赠大傅制》。

⑯ 《范文正公集》补编《重建文正书院记》。

⑰ 《石鼓书院记》。

⑱ 范育:《〈正蒙〉序》。

⑲ 《河南程氏遗书》卷六。

⑳ 《二程遗书》卷五。

㉑ 《四书集注·中庸注》。

㉒ 晏几道:《鹧鸪天》。

㉓ 柳永:《凤栖梧》。

㉔ 秦观:《浣溪沙》。

㉕ 苏轼:《念奴娇》。

㉖ 岳飞:《满江红》。

㉗ 辛弃疾:《破阵子》。

㉘ 阮维桢:《东维子文集》卷十一,《无声诗意序》。

㉙ 《宋史·兵志》。

㉚ 恩格斯:《反杜林论》,《马克思恩格斯选集》第3卷,第207页。

㉛ 马克思:《机器·自然力和科学的应用》。

㉜ 《朱子全书》卷四十九。

㉝ 《宋史·沈括传》。

㉞ 《宋史·杨时传》。

㉟ 《古今图书集成》卷一三〇八引《广州志序》。

第八章

朔方冲击

——辽、西夏、金、元

自唐末五代始,西北草原荒漠的游牧民族再次对中原农耕世界发动规模日益巨大的撞击。与北宋立国相先后,契丹、党项、女真相继在西北、华北和东北建立政权,形成北宋—辽—西夏、南宋—金—西夏对峙的格局。13世纪初叶,一代天骄成吉思汗崛起大漠,剽悍的蒙古铁骑南征北战,在空前辽阔的版图上建立起蒙古—元帝国。大河上下、长江南北在中国历史上第一次统一于一个草原游牧民族之手。在这场瞬息万变、震荡迭起的历史大变动中,中华文明经受了剑与火的锻铸,展示出包容万千的生命活力。

第一节
汉人的退守与游牧人的攻势

宋人的文化世界虽然细腻丰满,但在气魄上远不及汉唐文化闳放。唐太宗李世民以"天可汗"尊称威慑周边各族,而宋太祖赵匡胤却对北方虎视眈眈的契丹用兵未果,他的后继者更在游牧民族的强劲冲击面前窘迫万分,手足无措。

公元1004年,辽圣宗亲率大军南下,以宋朝输银十万两、输绢二十万匹作为辽军北撤的条件,迫使宋真宗签订屈辱的"澶渊之盟"。

从公元1040年至1042年,西夏兵大举南进,攻延、渭二州。宋军连连败北,"师唯不出,出则丧败"。公元1044年,宋政权签下以每年输西夏十三万匹绢、五万两银、两万斤茶的"和约",来换取"安定"。

公元1042年,辽国军队在燕京大规模集结,扬言南下,惊恐万状的宋仁宗急忙允诺每年赠送十万两银、十万匹绢,以求得"和平"。

公元1125年,又一股强大的狂飙席卷南下,灭亡辽王朝的金人攻势凌厉。1127年初,金兵攻陷宋都汴京,俘徽宗、钦宗和赵氏宗室、后妃,大掠金银布帛、珍宝异藏、百工技艺及图书文物,一并北去,北宋王朝灭亡。

>>> 金兵攻陷宋都汴京,俘徽宗、钦宗和赵氏宗室、后妃,大掠金银布帛、珍宝异藏、百工技艺及图书文物,一并北去。北宋王朝灭亡。图为宋代赵佶《听琴图》。

宋高宗建立的南宋政权,虽有大江做屏障,但依然抵不住金人的大举进攻,宋高宗及其臣僚竟一度被逼逃往海上。南宋词人曾经感叹:"国事如今谁倚仗?衣带一江而已。"虽然,南宋以年纳银二十五万两、绢二十五万匹的"绍兴和议"与金王朝达成一时妥协,但更为沉重的打击接踵而至——以铁骑踏平金与西夏的蒙古大军跨过南宋统治集团一心倚仗的长江天险,不战而取临安,南宋统治集团屈膝投降。

契丹、党项、女真以及蒙古对宋人的长期包围与轮番撞击,在两宋文化系统中引发出深重的忧患意识。北宋人因被动挨打而产生的忧患,南宋人因国破家亡而产生的忧患交织一起,渗透于宋文化的各个层面。

因为忧患,两宋词坛生出一番或苍凉凄楚或慷慨激昂的歌唱:"浊酒一杯家万里,燕然未勒归无计。羌管悠悠霜满地,人不寐,将军白发征夫泪"①,这是范仲淹因边戍凄怆黯淡而生的哀怨;"念腰间箭,匣中剑,空埃蠹,竟何成。时易失,心徒壮,岁将零"②,"胡未灭,鬓先秋,泪空流。此生谁料,心在天山,身老沧洲"③,这是张孝祥、陆游因一心许国却报国无门而生的伤痛;"君莫舞!君不见玉环飞燕皆尘土"④,"自胡马窥江去后,废池乔木,犹厌言兵"⑤,这是辛弃疾、姜夔对南宋朝廷耽于偏安格局的深重忧虑;"靖康耻,犹未雪;臣子恨,何时灭",这是岳飞面对残破山河的苍凉呼唤。翻开宋人诗词集,此类吟唱触目皆是。

忧患不仅出诗人,而且出改革家。北宋范仲淹(989—1052)的"庆历新政",以及王安石(1021—1086)的变法都是中国政治史上的重要改革运动。范氏新政的着意处在于整顿腐败的官僚制度,王安石的变法则旨在通过理财与整顿军备以富国强兵,都与抗御北方游牧民族的

>>> 忧患不仅出诗人,而且出改革家。宋代范仲淹的"庆历新政",以及王安石的变法都是中国政治史上的重要改革运动。图为范仲淹像。

战略有关。

朔方冲击还将具有异族情调的文化因子输入宋文化系统内。两宋虽与辽、夏、金以敌国对峙,但契丹、女真的民间音乐却为宋人所欢迎。北宋宣和年间,曾敏行(1118—1175)的父亲见到汴梁的"街巷鄙人"和士大夫们"多歌蕃曲"。南宋时,不仅临安的"街市无图之辈""唱《鹧鸪》,手拨葫芦琴"⑥,一些官吏、士大夫也爱好"胡声",营伍中的军官亦喜好"蕃乐"成风。有个江西大将程师回,极好女真的"鼓笛"之乐,常命其徒,"击鼓吹笛,奏蕃乐"。南宋朝廷虽然三令五申,禁止"声音乱雅",但在文化双向流动的规律面前,却无法阻止人们"所习音乐,杂以胡声"。辽金画家的绘画也流入宋代文化界,长于描画本族游牧射猎生活的辽人耶律倍(899—937)深为宋人所欢迎。宋徽宗赵佶搜罗到耶律倍的《千角鹿》,爱好甚笃。王安石收藏耶律倍的《番部行程图》,品评其"所画绝妙"。《五代名画补遗》云,耶律倍之画"工甚精致,至京师人多以金帛质之"。辽金衣着发式也流行于宋地,为不少汉人所喜好。范成大在《揽辔录》中言:"民亦久习胡俗,态度嗜好,与之俱化,最甚者衣装之类,其制尽为胡矣。自过淮已北皆然,而京师尤甚。"宋都汴京著名的交易场所相国寺,也大量陈列"羊裘狼帽",寺中杂货,"皆胡俗所需"。凡此种种,皆是草原游牧文化补益汉文化的例证。

第二节

征服者被征服

契丹、党项、女真、蒙古等北方游牧民族,以强悍的武力入主汉地,甚至囊括全中国。然而,经济后进的游牧民族可以成为军事征服者,一旦深入汉地,则不可避免地被先进的农耕文明所同化,从而演出一幕接一幕征服者被征服的活剧。契丹人建立的辽朝(916—1125)、党项人建立的西夏(1038—1227)、女真人建立的金朝(1115—1234)、蒙古人建立的元朝(1271—1368)概莫能外。

辽太祖阿保机(872—926)时的辽朝,东起大海,西至流沙,南越长城,北绝大漠,占据大部北中国。契丹人采取"以国制治契丹,以汉制待汉人"的双轨政策。但在文化路线上,辽朝统治者却全面汉化,并沿着汉文化轨道发展本族文化。史载阿保机建国不久,就祭祀对象主持了一场大辩论,在诸人"皆以佛对"的情形下,阿保机毅然采取耶律倍的建议,以孔子学说和儒家经典作为主导思想,从而确定了辽代文化的发展方向,正所谓"辽家遵汉制,孔教祖宣尼"⑦。

阿保机的文化决策为继承者所遵循。辽太宗耶律德光灭后晋入汴京,"取晋图书、礼器而北,然后制度渐以修举。至景、圣间,则科目

>>> 辽太祖阿保机时的辽朝,东起大海,西至流沙,南越长城,北绝大漠,占据大部北中国。图为耶律阿保机建辽的雕塑。

聿兴,士有由下僚擢升侍从,骎骎崇儒之美"⑧。汉族重要文化典籍如《五经传疏》《史记》等均为朝廷刻印颁行。兴宗重熙年间,朝廷更"诏译君书",《贞观政要》《五代史》《阴符经》及白居易的《讽谏集》等汉文名著均被译为契丹文字,在契丹人中广泛流行。经辽朝统治者的大力推扬,汉文化深入浸染辽代社会各阶层。贾岛诗成儿童启蒙读物。苏轼诗在辽国大受欢迎。苏辙出使辽朝,"每被行人问大苏"。苏轼与辽使共饮,辽使诵其诗句"痛饮从今有几日,西轩月色夜来新",以此证明东坡善饮。陶渊明、李白等,亦为辽人熟悉和喜爱。在汉文学的影响下,辽代君主"雅好词翰,咸通音律,文学之臣皆淹风雅"⑨。汉族音乐也深刻影响辽朝音乐。据周广顺《中胡峤记》称,当时辽都上京所设教坊中,大半都是汾、幽、蓟等地的汉族乐工。在辽宫廷重要庆典及宴会上,汉族音乐由胡乐器高奏。宋代陈旸的《乐书》言:"契丹所用声曲,皆窃取中国之伎。"这种"窃取",正是对汉文化的吸收与移植。

  灭辽后在北方建立金国的女真人,亦广为吸收汉文化。在对辽、宋的战争中,金人表现出对汉文化的强烈渴求。金太祖阿骨打(1068—1123)在发布"今欲中外一统"的讨辽诏令后,又特别宣示臣属注意对文物典籍的搜求。太宗在灭亡北宋战争中,对藏经,苏(轼)、黄(庭坚)文,《资治通鉴》,图籍文书,镂板等无不尽取,指名索取书籍甚多。又索太学博通经术者三十人,详通经教德行僧数十人。其他如画工、医官、杂戏、教坊乐人、国子监书库官,以及杂剧、说话、弄皮影、小说、弄傀儡、打筋斗、弹筝、奏琵琶、吹笙等方面艺人,也尽携之而北。汉文化人大规模流入金人社会的各个层面,促成金文化结构中汉文化主流地位的建立。

  建国曰西夏的党项羌也像辽的契丹和金的女真族一样,在和汉族的频繁交往接触中,日益深刻地受到汉文化的熏染。额济纳夏黑水城出土的古书中,有《孝经》《论语》《孟子》的西夏文译本,并附有西夏人对《论语》《孟子》的注释以及《礼记》《左传》《周书》《毛诗》的引文辑录。至宋仁宗时,西夏如李焘所述,已是"仿中国官属,任中国贤才,读中国书刊,用中国车服,行中国法令"了。

在汉文化渗透辽、西夏、金文化结构之际,契丹、党项羌、女真统治者并非轻易放弃本民族传统。西夏一方面有"汉礼",另一方面又有"蕃礼"。为了阻止女真汉化,金统治者采取一系列措施,如禁女真人学南人衣装,犯者抵罪。鼓吹"女真旧风",宣传"女真旧风最为纯直"[⑩]。然而,在农耕世界的包围中,游牧民族文化的汉化是一个必然的、不以人的意志为转移的趋势。

在草原游牧民族"汉化"的历程中,蒙古人的步履要艰难得多。蒙古在历史上是北亚游牧民族之一,无论是血缘、语言还是生活方式都与活动在北亚、中亚、以至南俄草原的突厥系民族一脉相通。

基于对农业文化的隔膜感,成吉思汗(1162—1227)的对外征战,以西进为重点。他在亲征金国后,把经营汉地的军政大权托付给木华黎全权处理,而他自己亲率四个儿子,动员最大兵力,转而西征花剌子模。成吉思汗以后,从窝阔台汗统治后期到蒙哥汗统治初期,蒙古贵族军事、政治的重心也始终在西方。对于已占领的汉地,则以"西域法"或"蒙古法"加以治理。如圈占农田为牧场,征发民以重差役,掠良为奴。虽然力主汉法的耶律楚材(1190—1244)竭力反对以"西域"法治理汉地,然而,他力薄势单,最终"愤悒以死"。蒙古贵族中,只有忽必烈(1215—1294)对中原文化采取欣然受容姿态。这位"思大有为于天下"的亲王,早在公元 1244 年就在"潜邸"延四方文学之士,"问以治

>>> 基于对农业文化的隔膜感,元太祖成吉思汗的对外征战,以西进为重点。图为清人所作的成吉思汗像。

道"[11]。在他身边迅速集结了大批儒生士大夫,其中许衡(1209—1281)、郝经(1223—1275)等人,都是名重一时的理学之士。他们屡屡向忽必烈进言"行汉法"。正是在儒生士大夫的反复诱导下,在既有的以汉法经略汉地的实际效应影响下,忽必烈改革旧俗,推行汉制,儒家典章制度的各种细目,如帝号、官制、经理、农桑、赋税、钞法、课程、舆服、经筵进讲、郊祀、太庙、社稷、谥法、旌表、学校、贡举、五刑五服、祭令等,几乎都被用作一代国制继承。尽管忽必烈实行"汉法"并不彻底,漠北固有旧俗仍在汉地有大量保留,但是,统治体系与文物制度的"汉化"面貌已十分明朗。

第三节

大哉乾元

忽必烈所建立的元朝,是一个空前广大的帝国。其疆域"北逾阴山,西极流沙,东尽辽左,南越海表"⑫"东南所至不下汉、唐,而西北则过之"。在这广袤的境内,帝国统治者大规模地设置交通网络:在漠北、岭北行省,为适应中原与蒙古草原频繁交往的需要,修建了帕里干道、木怜道、纳怜道等三条主要干线;在东北松花江、黑龙江流域的辽阳行省置站,加强了与女真、水达达及奴儿干地区各族的联系;在西南的云南行省,设站赤八十余处,遍及大理、丽江、金齿的白、彝、傣、纳西等民族聚居区;吐蕃称藩后,元统治者不仅在中央设立宣政院、在乌斯藏设立宣慰使司都元帅府直接管辖,而且建站赤二十八处,与内地驿道相连,直通大都;在天山南北的畏吾儿地区,元朝在前代驿道的基础上修道加站,一条与漠北相通直达和林,一条与中原相接直通山西。蛛网般密布的交通网,不仅促进了以京师为中心的各地政治、经济的密切联系,而且有力地促进了文化的交流和传播。

与帝国庞大的气势相适应,元朝统治者在原金中都(今北京)附近建立起一座规模宏大的新京城,它被忽必烈命名为"大都",外域人

忽必烈所建立的元朝,是一个空前广大的帝国。图为元代刘贯道《元世祖出猎图》。

士则称为"汗八里",意即可汗之城或皇帝之城。元大都的宏丽绚烂,曾经使来自意大利的旅行家马可·波罗心驰神往,在那本著名的《马可·波罗行纪》中,他用梦幻般的语言,向西方人娓娓动听地描述这样一座东方城市。

元帝国不仅幅员广大,而且是一个世界性帝国。忽必烈称汗后,实际上是以蒙古大汗身份兼领中国,西北钦察、察合台、伊利三个汗国在名义上均听从忽必烈大汗的指挥。横跨亚欧的版图以及驿站制度的完善,使一向不曾处在统一控制下的东西交通至元代畅通无阻:陆路北穿东欧、西贯伊朗,直接与大都相通;海道从波斯湾直抵泉州等港。"四海为家""无此疆彼界""适千里者如在户庭,之万里者如出邻家",是元人广阔的空间观念。在此种开放的国际环境下,东西方的交往空前频繁,使节的往来、命令的传递、商队的贸易,络绎不绝。大批中亚军卒、商贩、工匠来到中原汉地,成千上万蒙、汉及其他族人民从元朝迁往中亚各地。中原文化、北方草原文化、边疆各族文化、中亚伊斯兰文化、东欧拜占庭文化、南亚佛教文化都在一个广阔的文化场中交流融会,并在元文化大系统中留下鲜明印记。

亚欧大陆的沟通,为东方和西方旅行家们的远游提供极大方便,东方与西方的情形不断地由这些旅行家报告给各自母国,东方和西方的相互了解有不同于以往任何时代的新发展。

最先向欧洲报告东方情形的是罗马教皇与法王路易九世所派出的出使蒙古汗国的使节。他们虽然由于蒙古大汗的态度强硬无法完成使命,却带回了一系列东方的信息。罗马教皇使节普兰诺·卡尔平尼与路易九世使节卢布鲁克从蒙古汗国回到欧洲后,相继完成了记叙东方闻见的旅行报告书,使欧洲人对于蒙古的地理、民情以及蒙古人的兴盛、强大有较为确切的了解。

公元1275—1291年,中国大地上留下了欧洲旅行家马可·波罗的足迹。这位威尼斯人跟随他的父、叔尼柯罗兄弟取道波斯,沿着古丝绸之路东行。他们翻越帕米尔高原,穿过河西走廊,经宁夏(银川)、天德军(今呼和浩特东),于1275年抵达大都,完成横贯欧亚大陆的旅行。在大都,忽必烈接见马可·波罗叔侄,马可·波罗年轻聪明,深得忽必烈宠信,被留在宫廷服务。他多次奉命出使各地,远至云南和四川西部的金齿,又顺大运河南下,到过福建、泉州。1291年初,马可·波罗跟随阔阔真公主下嫁伊利汗阿鲁浑的使团,从泉州经海道到霍尔木兹。1295年,马可·波罗回到威尼斯。1298年,由马可·波罗口述、小说家鲁思梯切诺笔录的不朽名著《马可·波罗行纪》写成。这部书对中国赞美备至,称中华帝国拥有"连绵不断的城市和邑镇"以及"优美的葡萄圃、田野和花园"。帝国的首都"地面规划有如棋盘,其美善之极,未可言宣"。帝国的宫殿"壮丽富瞻,世人布置之良,诚无逾于此者"。他赞颂泉州为世界最大的港口,"在这个商埠,商品、宝石、珍珠的贸易之盛,的确是可惊的"。他描述苏州"人烟稠密,至不知其数"。他赞叹杭州"人处其中,自信为置身天堂"。马可·波罗的热情为一些欧洲人所嘲弄,他们难以相信世界上竟有如此美好的国度,但是,也有不少欧洲人为马可·波罗所展示的东方的神秘所倾倒,此种"东方热"直接引发了15—16世纪欧洲航海家努力寻觅东方世界。

马可·波罗去世后二十年,被尊为"伊斯兰世界的旅行家"的伊本·贝图达(1304—1377)经由海上来到中国。这位出生在摩洛哥丹吉尔的非洲旅行家对伊斯兰、拜占庭、印度、非洲以及蒙古统治下的

>> > 1275年至1291年,中国大地上留下了欧洲旅行家马可·波罗的足迹。1298年,由马可·波罗口述、小说家鲁思梯切诺笔录的《马可·波罗行纪》完成。图为马可·波罗1271年离开威尼斯东游。

各种类型的国家和文化有深切观察。他高度推扬中国文化,认为中国的农业和灌溉工程极为发达,赞扬中国是世界上出产小麦最多的国家,他又称颂中国的瓷器首屈一指,中国的绘画才能出类拔萃。

中国人对外部世界的了解也在元代有了新的拓展。旅行家汪大渊(1311—?)两次周航印度洋,他称颂地跨亚非的马克鲁克王朝,兵马壮盛、居民富庶。中国景教徒苏马,在1287年至1288年充当伊利汗派往罗马和巴黎的大使,游历欧洲。归国后,苏马将他的见闻记入游记,意大利和法国的奇风异俗,在书中栩栩如生。

元代中外文化交通虽在规模上远超前代,但在东西方世界的相互认识上,还处于"印象"层次,这与两个世界的接触仅仅局限于"物质"层而非"思想"层有关。

第四节

杂剧与科技

元代是一个政治现实严峻的时代,文明程度较高的汉族被处于较低社会发展阶段的游牧民族所征服,人们习以为常的传统信念受到空前的挑战,国破家亡的巨大痛苦,使汉民族产生了汉代以来最为深沉的郁闷。元代又是一个活力抒发的时代,蒙古铁骑以草原游牧民族勇猛的性格席卷南下,汉唐以来渐趋衰老的帝国文化输入进取的因子。于是,整个社会的思想文化处于一种失去原有重心与平衡的混沌状态。这种时代心理的典型表现,就是辉映千古的元杂剧。

元杂剧是一种在北方地方戏院本和宋金诸宫调相结合的基础上发展起来的戏剧形式。它勃兴于元代,自有其肥沃的土壤。

首先,女真与蒙古统治者对歌舞戏曲的喜好促进了北方都市艺人的聚合。作为战胜者的女真、蒙古对于歌舞伎乐有一种浓酣兴趣。南宋孟珙《蒙鞑备录》云:"国王出师,亦以女乐随行。率十七八美女,极慧黠,多以十四弦等弹大官乐,四拍子为节,甚低,其舞甚异。"不唯国王出师如此,大将出师也情景相似,耶律楚材《赠蒲察元帅》诗云:"素袖佳人学汉舞,碧髯官伎拨胡琴。"可见大帅出征亦随身携带优人。

>>> 元杂剧是一种在北方地方戏院本和宋、金诸宫调相结合的基础上发展起来的戏剧形式。图为广胜寺壁画《元杂剧图》。

对伎乐的喜好,使金元贵族在驰骋征战之际,还念念不忘借助军事压力向宋廷索取杂剧、说话、弄影戏、小说、嘌唱、弄傀儡、打筋斗、弹筝、琵琶、吹笙等艺人一百五十余家,令开封府押至军前。北方都市中,因而集中了大量艺人。13世纪60年代前期,忽必烈建起元大都,山西、河北等地的艺人遂以各种形式向大都集中,从而为元杂剧的产生奠定根基。

其次,蒙古贵族的"贱儒"文化政策促成大批文人涉足杂剧创作。蒙古贵族实行界限森严的等级统治,民族分四等,汉人、南人被压在社会底层;职业十级:一官、二吏、三僧、四道、五医、六工、七匠、八娼、九儒、十丐。文士儒生竟屈居"老九",位于娼妓、工匠之后,仅先于乞丐一步。与此相应,科举制度中止七八十年,文人重负卑下潦倒的命运,元初一些士子遁山林、远尘世,以保全名节;另一些文人则"嘲风弄月",流连于唱唱打打、热闹非凡的勾栏瓦舍。日复一日地在勾栏流连,使一些潦落文人与杂剧产生一种亲缘联系,他们与艺人为伍,自称为"浪子班头""锦阵花营都帅头",并渐次涉足于杂剧创作,形成一支具有高度文化素养,与演剧艺人生死与共、相濡以沫的杂剧创作队伍,从而使杂剧发皇张大。

在蒙古贵族民族歧视政策下,"沉抑"下层社会的儒生士子,心灵深处郁结着深沉的悲愤与不平。这种深郁的"情结",急切寻觅着排遣渠道;在元代特定的文化氛围中,蒙古统治者的文化辖制和思想禁锢,在包括杂剧在内的词曲这一领域,相对来说较为宽松,杂剧作者得以较为自由地表达那个历史时代深沉的悲愤。与此同时,杂剧独特的艺术特征,如系统的情节展现、直观的生活真实呈示以及对内在情意抒发的注重,使得艺术家有可能淋漓尽致地排出内心的郁闷。诸种因素的相互推引,造成关汉卿、马致远、宫大用、郑德辉、张小山等人投身于杂剧创作。元杂剧在精神上有两大主调:第一主调,是倾吐民众的愤怒;第二主调,是讴歌非正统的美好追求。

关汉卿的名作《窦娥冤》,作为元杂剧的第一主调有特别高亢的奏鸣。窦娥不过一安分守己、与世无争的弱小女子,然而,她却无法逃避无边的黑暗。众多的恶棍、无边的险恶,窦娥深切感受到的是一种整体性的黑暗,她不由得在绝望中迸发出惊天动地的呼喊。

艺术家将人民的郁愤之情锻铸成多样化的戏剧情节,元杂剧多清官戏,而诸清官中最令人注目的是包拯。在《蝴蝶梦》《鲁斋郎》《陈州粜米》《金生阁》等剧中,包拯斩皇亲,铡国戚,好不威风。包拯类清官对贪官污吏和不法权贵的惩治,直接贴近百姓们渴求正义而不得的心态;元杂剧中鬼神又相当活跃,他们惩治恶棍,申诉人民蒙受的不白之冤;元杂剧还有不少历史题材剧目,它们有的以重大历史事件为主干,有的以著名历史人物为主干,而往昔的追忆与历史的缅怀仍然是针对现实而发的满腔忧愤、满腹牢骚,是一种对足以使民族和人民为之一振的浩然正气的幽远的呼唤。

元杂剧艺术家不仅谴责黑暗,倾吐内心郁愤,而且以一种充满希望的热情,推出一批爱情婚姻剧,在中国文化史上揭开别开生面的一页。其代表作品就是"天下夺魁"的《西厢记》。

《西厢记》的故事展开在相国小姐崔莺莺与"白衣秀士"张君瑞之间。一场突破礼教规范的男女情爱在庄严不过的寺庙内炽热展开。张生与崔莺莺追求理想婚姻的叛逆行为,理所当然受到正统世界的阻止与威压。然而,作者以高超的艺术手法,将这种阻止、这种威压化作失败一方,而将崔莺莺与张生心头的爱情之梦、团圆之梦,推为终成眷

>>> 元杂剧艺术家不仅谴责黑暗,倾吐内心郁愤,而且以一种充满希望的热情,推出一批爱情婚姻剧,在中国文化史上揭开别开生面的一页。其代表作品就是"天下夺魁"的《西厢记》。图为清代佚名仿明代仇英《西厢记》。

属的瑰丽现实。

元杂剧的繁盛,标志着中国戏剧艺术的成熟,自此,中国成为世界上的一个"戏剧大国"。然而,元杂剧作为中华文化大系统中的元素之一,毫无例外地表现出中国文化的固有特征。从表现手段来看,元杂剧(或中国古典戏剧)主要是以歌词文采和音乐曲调取得戏剧效果,其形式是叙事诗,其基调是抒情。而情节的推移,往往在戏剧构架中只有"过门"性质。简而言之,元杂剧可谓借用市井文学的架构,灌注诗歌抒情的传统精神,这种风貌与西方戏剧的注重戏剧性、情节构造充满万钧张力显然不同。

元代文化的另一显著特点,是科学技术在一个异常壮阔的时空背景下得到长足发展。从历史的纵深度而言,元代承袭生机勃勃、成就卓越的宋代科技,因而科学技术各门类起点较高、发展势头甚劲;从地域的延展度而言,元代广为受容大漠南北各民族的科技成果,又吸纳远至西亚、欧洲的科技英华。这纵横两方面的原因,使得历时仅数十年的元朝在科技史上射出夺目的光辉。

一 农学

元代直接承袭了两宋高势位的农业生产和农学成就,并有所发挥。如棉花种植业宋代开始引入江南,元初普及于长江流域及闽粤一带,使得华人的衣被材料质优而价廉。元代产生中国农学史上享有盛誉的王祯《农书》。这部三十余万言的著作综合了北方旱地耕作技术和南方水田耕作技术。元代至元年间还颁行《农桑辑要》七卷,畏吾尔人鲁明善著《农桑衣食撮要》二卷。前书总结蚕桑知识,超迈宋以前农书;后书出自西北少数民族之手,足见中原农桑技术已远播西域。

二 水利

元建都大都(北京),为保证漕运,在隋代南北运河的基础上,截弯取直,开济州河、惠通河,形成完整的京杭大运河。大运河穿过长江、淮河、黄河、海河四大江河,工程复杂,而元人成功地解决了辟水源、保水量诸问题,郭守敬(1231—1316)在此间贡献卓著。他在大都西北设计修筑白浮堰,以供应惠通运河水源,又修建闸门和斗门以维持运河水位,保证往来船只通航。郭守敬还在黄河上游修复唐来渠(四百里)、汉延渠(二百五十里),灌溉耕地九万顷。郭守敬在修建水利工程时,表现出地形测量的高度精确性,令人赞叹。他还首先提出以海平面为基点比较大都和汴梁的地形高下。这已逼近现代地理学的"海拔"概念,是一项了不起的科学成就。

三 纺织

元代薛景石著《梓人遗制》,全面记述了木工技术,其中关于"华机子"(提花机)的记载尤有价值。由此可见,我国始于汉唐的纺织提花

技术,经宋代发展,到元代已相当完备。王祯《农书》中则有水力大纺车的记述,该纺车可安装三十二个锭子,利用水力或畜力带动。提花机和水力大纺机,都是西方工业革命以前较先进的纺织器械,表明元代纺织业在当时居于世界领先地位。元代纺织业最突出的成就则是棉纺织业的推广,传说黄道婆由海南岛黎族处带到长江三角洲松江一带的棉纺技术,迅速显示出其优越性,松江布获得"衣被天下"的美誉。普通中国人无力购置锦缎,而麻织品又粗糙易破,质优价廉的棉织品的普及,对中国人生活的改善,其功甚伟。

四　数学

元人朱世杰是与宋人秦九韶、金元之际人李治齐名的数学大家,他代表了元代数学所达到的世界先进水平。朱世杰著《算学启蒙》三卷,讲述乘除法运算和开方、天元术,体系完备;朱世杰著《四元玉鉴》三卷,讲述多元高次方程组解法和高阶等差级数等问题,被西方科学史家称为"中世纪最杰出的数学著作之一"。

五　天文历法

元世祖忽必烈十分重视修历,任命张文谦负责改订历法,由王恂负责组织机构,进行历法推算,郭守敬负责仪器制造和进行天文观测。

>>> 元代纺织业最突出的成就则是棉纺织业的推广,传说黄道婆由海南岛黎族带到长江三角洲松江一带的棉纺技术,迅速显示出其优越性,松江布获得"衣被天下"的美誉。图为黄道婆纪念馆的黄道婆塑像。

郭守敬代表了元朝天文历法的最高水平。他主持制作了观测太阳位置的仰仪、自动报时的七宝灯漏、观测恒星位置以定时刻的星晷定时仪，以及水运浑象、日月食仪、玲珑仪等。这些天文仪器的特点是结构简单、使用方便。正由于有这样先进的天文测量仪器和高水平的数学计算能力，郭守敬等人制定的《授时历》承袭南宋杨忠辅的《统天历》，成为我国历史上使用时间最长的一部历法，也是古代最精密的一部历法。它以三百六十五点二四二五天为一年，与地球绕太阳公转一周的实际时间只差二十六秒，经过三千三百二十年后才相差一日，跟目前国际通行的公历（格里哥利历）完全相同，但格里哥利历直到1582年才开始使用，比《授时历》晚三百多年。《授时历》还应用数学上的招差法推算太阳、月亮及五星逐日的情况，比欧洲早将近四百年。郭守敬为改进历法，还在全国各地设立二十六个观测点，取得较精密的天文数据，其中对黄赤交角和二十八宿距度的测定，达到当时世界最高水平。

注释:

① 范仲淹:《渔家傲》。

② 张孝祥:《六州歌头》。

③ 陆游:《诉衷情》。

④ 辛弃疾:《摸鱼儿》。

⑤ 姜夔:《扬州慢》。

⑥《中兴会要》。

⑦ 耶律楚材:《怀古一百韵寄张敏之》。

⑧《辽史·文学传序》。

⑨ 沈德潜:《辽诗话·序》。

⑩《金史·世宗纪》。

⑪《元史·世祖纪一》。

⑫《元史·地理志》。

第九章

垂暮新变

——明至清中叶

元末农民战争后期,朱元璋(1328—1398)高举"驱逐胡虏,恢复中华"旗帜,北伐讨元,重新建立起汉人当权的朝代,这便是明代(1368—1644)。明代初期一直与北遁的元代势力争战,明代后期,东北地区的女真人在努尔哈赤(1559—1626)统领下崛起,并于1616年建立与明代抗衡的大金政权(史称后金),其子皇太极(1592—1643)于1636年改国号清,改族名满洲。1644年,清兵利用关内农民战争推翻明代的形势,入主中原,建立统治全中国的清代(1644—1911)。

明代和1840年以前的清代,是中国古代史后期,中华古典文明进入烂熟阶段。一方面,中华文明在此间集其大成,显出恢宏气象;另一方面,中华文明于成熟之极,颓势渐现,而新变则在潜滋暗长,呈现方死与方生交会的特别状貌。

第一节

专制文网

明清两朝作为中国延续两千年的君主专制社会晚期,汉唐时代那种从容应付内外挑战的信心与能力已不复存在,两宋宽容开明的文化政策也难以为继。出于压制民众反抗、防范统治营垒分裂和异端崛起的需要,明清两朝专制君主集权走向极端,并厉行禁忌主义的文化政策。

将专制君主集权推上巅峰,明太祖朱元璋起了决定性作用。首先,他废去中书省和百官之长——丞相,分相权于吏、户、礼、兵、刑、工"六部",使这"六部"直属皇帝。这样,皇帝既是国家元首,又是政府首脑。又以兵部和五军都督府分掌兵事;刑部、大理寺、都察院分典刑狱,使其互相牵制,而由皇帝总揽兵刑。其次,废除元代的行中书省,设十三布政使司,由布政使掌民政、按察使掌刑、都指挥使掌兵,此"三司"相互平列,均由朝廷管辖。这就防止了地方势力的尾大不掉。

清朝基本沿袭明制,一直不设丞相,又另置皇帝直接掌握的军机处,而军机处也只有"传述缮撰"的功能,一切政令都要"钦承宸断"。

明清两代实行严厉的文化专制政策,一方面,朝廷将儒学(尤其

>>> 将专制君主集权推上巅峰,朱元璋起了决定性的作用。他首先废去中书省和百官之长——丞相,分相权于吏、户、礼、兵、刑、工"六部",使六部直属皇帝。图为民间藏本《明太祖高皇帝遗像》。

是宋明理学)规定为士人必须崇奉的官方哲学,并将科举制度进一步完善化,以收买、罗致广大士人;另一方面,又屡兴大狱,对于在思想、文字上稍有"越轨""悖逆"表现的士人,予以无情镇压,甚而株连九族。

编织文网,对文人中的异端加以威胁、恐吓,中国古已有之,但明清的文网之密、搜求之细、惩办之酷,则为前代所未见,可与欧洲中世纪黑暗时期的宗教裁判相比,鲁迅辛辣地将明清两代的"文字狱"抨击为"脍炙人口的虐政"[①]。

明代文网的编织者是朱元璋。朱元璋在夺取政权的过程中,曾经十分重视文人。他礼贤下士,每到一方,必拜访当地名士,移樽就教,与不少有识见的文化人过从甚密。李善长、冯氏兄弟(国用、国胜)、刘基、宋濂、朱升等文人都对朱元璋提出过意义重大的建策。朱元璋也常说:"听儒生议论,可以开发神智。"但明代建立以后,随着君权的极度膨胀,朱元璋对臣僚的猜忌也日益增大。他不仅认为并肩起事的将帅枭悍难制,而且不放心出身豪室的文臣,因为他们有声望、有计谋。这样,他对文人便由虚心求教转为心怀疑虑,以致演成挑剔字句、大开杀戒的文字之祸。

朱元璋出身寒微,青年时当过和尚,又由红巾军起家。在门阀观念、等级思想盛行的时代,对于一位帝王来说,上述几点都是颇伤大雅的事情。

洪武年间(1368—1398),一些担任秘书、教育工作的文吏,常为上司作贺表,这些贺表本来都是一般化的歌功颂德的陈词滥调,却被特务机关锦衣卫所搜集,呈报朱元璋。朱元璋对这些贺表一一加以认真"推敲",把凡是与"贼""僧"发音相近的文字,一概当作对自己的隐喻、嘲讽,而给作者加以"犯上罪""大不敬罪",并施以严刑重典。

朱明王朝初年的文网较之前代大有发展,但与清代相比,又不过是区区小巫。

清朝是中国北方少数民族入主中原的朝代。清朝的统治,一方面继承和发展了明代的绝对君主专制,另一方面又加入民族歧视和民族压迫政策,迭兴文字大狱,是其表现之一。

清代的"文字狱"不同明代的地方,在于多因镇压汉人民族意识而发难。清代前期对汉族士人的政策大致分为四个阶段:顺治元年至十年,是利用政策;顺治十一年至康熙十年,是高压政策;康熙十一年以后是怀柔政策;而雍正、乾隆年间,又转为一意压制。但即使在顺治初年,"文字狱"已经开始,比较著名的有顺治五年的"毛重倬坊刻制艺序案",起因是毛重倬、胥庭清等人坊刻选文,撰写的序文所署纪年,只用干支,不用清朝的顺治年号,被认为是"目无本朝,阳顺阴违,逆罪犯不赦之条"。毛重倬等人"皆置于法"。

康熙初年,玄烨(1654—1722)幼龄,鳌拜(约1610—1669)擅权,曾兴动著名的"庄廷鑨明史稿案"。

"庄廷鑨明史案"之所以演成大狱,是因为清代完成征服战争后,相当一部分汉族士大夫仍以逸民旧臣自居,其中一些人借修明史寄托故国之思,清廷对此深以为虑,于是抓住这桩"明史案"大做文章,杀一儆百。高压政策时期受迫害的著名学者,还有孙夏峰、顾亭林等,他们都曾被捕受审,黄宗羲也前后四次被悬赏、缉捕。

康熙亲政以后,对士人多取怀柔政策,但到康熙末年,又有"戴名世《南山集》案",再次震撼士大夫阶层。

雍正(1678—1735)也"匠心独运",多次罗织"文字狱",以恐吓士人,绞杀汉人的民族意识,其中最著名的案例是"查嗣廷试题案"和"吕留

>>> 康熙亲政以后,对士人多取怀柔政策,但到康熙末年,又有"戴名世《南山集》案",再次震撼士大夫阶层。图为当代表现戴名世等人事迹的浮雕。

良文选案"。

乾隆(1711—1799)继位后,文网的严密更胜过乃父。他多次发布禁书令,凡有民主或民族色彩的著作,一概禁售、毁版,甚至焚烧,仅乾隆三十九至四十年间,就烧书二十四次,共一万三千八百余部(这是官方统计数,实数大大超过)。他所制造的"文字狱",主要涉及两方面的内容:一是触犯皇帝权威的,二是阐扬汉民族精神的。无论从次数到惩罚的严酷程度,也都胜于康熙和雍正。

康、雍、乾三朝"文字狱"仅见记载的就有一百零八起之多,而且愈演愈烈,乾隆年间更是竭尽妄意引申、构陷人罪之能事,株连无辜,备极惨酷,遂至冤狱遍于国中。这一切,都是君主专制制度发展到顶峰状态的奇特产物,是中华文明史上黑暗、血腥的一页。

第二节

八股・心学・异端

明清的文化政策,不仅有"文字狱式"的消极压制,更有理学及科举的积极提倡。

程朱理学早在元代便被"定为国是",使"学者尊信,无敢疑贰"。而明代统治者更倚重程朱理学。程朱理学的所谓天理,正是从理论形态上论证专制王朝像天道自然一样,具有绝对性和永恒性。至于以"君为臣纲"为核心的伦理纲常,也被理学家论证成天理。理学家讲的心性修养,自我克制,从思想上体认君主专制主义是"当然之则"。正因为如此,朱元璋多次诏示:"一宗朱子之书,令学者非'五经'、孔孟之书不读,非濂、洛、关、闽之学不讲。"朱棣(1360—1424)敕胡广等纂修《四书大全》《性理大全》《五经大全》,颁行天下,以此作为士子习业的经典著作。朱棣在"大全"卷首中明确宣告,三部"大全""行之于家,用之于国",是治国与统一思想的大纲,它的功能,是"使家不异权""国不殊俗"。三部理学"大全"的颁布,从法典意义上,正式废弃唐代钦定的《五经正义》,以义理之学取代汉唐训诂之学。明代统治者又规定科举考试一律以朱熹的注为准。于是:"世之治举业者,以《四书》为先务,视《六经》为可缓;以言《诗》,非朱子之传义非敢道也;以言《礼》,非朱子之家礼弗敢行也;推是而言,《尚书》《春秋》,非朱子所授,则朱子所与也。"②程朱理学被推上至尊正宗地位。

在科举考试中,明统治者不仅规定答卷一以程朱注为归,而且指令"但许言前代,不及本朝"③。禁止对当代问题的思考。

朱元璋甚至将文化专制的淫威扩及"圣人"之经。传说,朱元璋读《孟子》深怪这位"亚圣"对君主不逊,怒曰:"使此老在今日,宁得免耶?"遂命令罢配享。1393年(明洪武二十六年),朱元璋命令删节《孟子》。被认为言论荒谬的凡八十五章,一律删去,几占全书三分之一。被删去的文字如"为民父母,母行政不免于率兽而食人,恶在其为民父母也";"行一不义,杀一不辜,而得天下,皆不为也";"贼仁者谓之贼,贼义者谓之残,残贼之人谓之一夫。闻诛一夫纣矣,未闻弑君也";"君之视臣如手足,则臣视君如腹心;君之视臣如犬马,则臣视君如国人;君之视臣如土芥,则臣视君如寇仇";"民为贵,社稷次之,君为轻",皆为儒家学说中民本观念与仁政思想的精华处。

为了制造严峻的思想统治秩序,明统治者还在科举考试中发明"八股"之法。所谓"八股",即答卷作文的格式由破题、承题、起讲、入手、起股、中股、后股、束股八部组成。其格式刻板,内容空虚无物。明末清初思想家顾炎武指出:"愚以为八股之害等于焚书,而败坏人才,有甚于咸阳之郊(坑儒)。"由于科举考试在明代演变为取士唯一途径,"中外文臣皆由科举而进,非科举者毋得与官",因此,科举制的八股作文法以及它从"四书""五经"中出题、依指定注疏答卷的规范,对于控制士子思想,使人们思想程式化、教条化起到恶劣的作用。

清代承袭明代文化政策,帝王提倡程朱理学,实行八股取士。

与朝廷推行文化专制主义相对应,一种追求独立人格的思潮也在潜滋暗长,文艺领域有唐寅(1470—1523)、徐渭(1521—1593)、郑板桥(1693—1765)等狂放之士的出现,学术领域则有承继陆九渊的王阳明(1472—1529)"心学"的昌大。

"心学"是一种高扬"心"亦即人的主体性的哲学。作为理学家,王阳明与朱熹同样以建立伦理本体论为目标,同样鼓吹"明天理,灭人欲"。然而,程朱以"理"为本体,充分肯定理的客观性和人的理性认识客观的可能性,而没有给人以应有的地位。王阳明的"心"本体论,以"心"为天地万物主宰,充分肯定人的主体性、能动性,指明人所生活的世界离不开人的主观能动性。

立足于"心"本体论,王阳明又提出"心即理""心外无理"以及"知行合一"等著名命题。以"心"去裁判外间事物,一切是非的价值便有了重估的必要。在这样的价值判定原则面前,圣人的权威也发生动摇:"夫学贵得之心,求之于心而非也,虽其言之出于孔子,不敢以为是也,而况其未及孔子者乎? 求之于心而是也,虽其言之出于庸常,不敢以为非也,而况其出于孔子者乎"④。王阳明甚至认为人人都是圣人。其弟子董梦石出游回来说:"今日见一异事。……见满街人都是圣人。"王阳明则说:"此亦常事耳,何足为异?"⑤"满街圣人"是王阳明讲堂里的流行话头,对于虔诚顶礼膜拜圣人,以为"天不生仲尼,万古如长夜"的朱子学派来说,这确是狂悖之论。

王阳明的门弟子王艮(1483—1541),是明中叶率先高扬人自然之性的先导性人物。王艮之学"非名教之所能羁络"⑥,王阳明学说中的若干异端因子,在这位泰州学派的创立者手中有了创造性的发展。

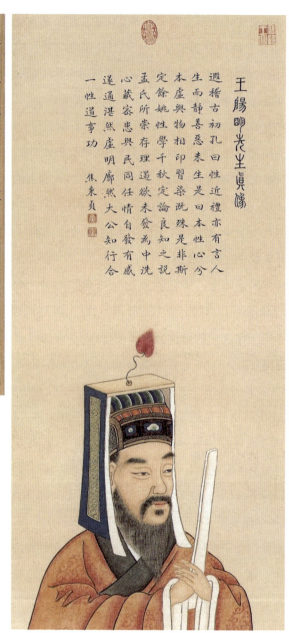

>>>
"心学"是一种高扬"心"亦即人的主体性的哲学。作为理学家，王阳明与朱熹同样以建立伦理本体论为目标，同样鼓吹"明天理灭人欲"。图为清代焦秉贞《王阳明先生真像》。

王艮改造陆九渊、王阳明一系所确定的"心学",而赋予"心"(有时称其"体""本体")一种自然本质:"天性之体,本是活泼,鸢飞鱼跃,便是此体。""良知之体,与鸢鱼同一活泼泼地。……自然天则,不着人力安排"。"凡涉人为,便是作伪。"⑦王艮所强调的,显然是人的自然而然的不受既有观念污染的纯真的本性,以此来对抗仁义道德的"天理"决定论。王艮又有"百姓日用即道"的著名命题,这个"百姓日用",包含老百姓日常生活的物质和精神的需要。这样一来,理学家视为万般邪恶的"人欲",在王艮那里反而成了天经地义的"道"。

李贽(1527—1602)是泰州学派的传人,然而,他的异端思想却非王艮之学所能范围。时人称李贽为"异端之尤",可见他在对正统思想的反叛中走得更远。

李贽思想的核心,仍然是对"自然人性"、对"人欲"的热烈首肯。李贽提出"童心"说,以人的"绝假纯真,最初一念之本心"为"童心",为人世间最可宝贵之物。李贽所谓"童心",其实就是"人欲"。依照李贽的意见,人们的道德观念、世间的万物之理,既不是王阳明的"良知",也不是朱熹的"天理",而是人们对"衣"与"饭",即实在的物质生活资料的要求。既然如此,人们的"私欲""物欲",乃至"好色""好货",也就是"自然之理,必至之符"了,因为"夫私者,人之心也。人必有私而后其心乃见,如无私,则无心矣"⑧。

与李贽肯定"人欲"的观念相推引,汤显祖(1550—1616)立足戏剧界,鼓起以"情"反"理"的浪潮。汤显祖认为"情"是人性的根本:"性无善无恶,情有之。"⑨情之所至,可以惊天动地,出生入死。著名的《临川四梦》,尤其是那充满浪漫色彩的《牡丹亭》,便是"因情成梦,因梦成戏"的"至情"之作。

>>> 汤显祖认为"情"是人性的根本:"性无善无恶,情有之。"情之所至,可以惊天动地、出生入死。著名的《临川四梦》,尤其是那充满浪漫色彩的《牡丹亭》,便是"因情成梦,因梦成戏"的"至情"之作。图为《牡丹亭》插图。

第三节

明清之际的非君思潮

专制君权达于极端的明朝在农民战争和民族战争的双重袭击下,轰然倒塌。在明清鼎革之际,一批思想家在总结明亡的教训时,开始把目光投向至高无上、威势无穷的专制君主。最初,人们批判崇祯,以崇祯为亡国之根本。如莳菊逸民在《明季见闻辑录·序》中,针对崇祯"朕非亡国之君,诸臣皆亡国之臣"之说加以反诘:"亡国之臣,谁使之处枢要,侪仕途?"随着对崇祯帝批判的展开,人们逐渐超越对某一君主个人的批判,而发展到对整个君主制度的总体清算。

黄宗羲(1610—1695)与唐甄(1630—1704)是清初批判君主专制的两位健将。他们犀利地指出,至高无上的君主因与民众对立,实际上只不过是一介"独夫"而已。黄宗羲《明夷待访录·原君》云:"今也天下之人怨恶其君,视之如寇仇,名之为独夫,固其所失,固其所也。"唐甄通过对"君日益尊,臣日益卑"的君主集权过程分析,指出专制权力造成双重恶果,一方面,使"人君之贱视其臣民,如犬马虫蚁之不类于我"[11],势尊无加;一方面则形成"自尊则无臣,无臣则无民,无民则为独夫"[12]的政治孤立困境。

>>> 黄宗羲、顾炎武、王夫之等人尖锐的反君主专制的思想,已达到民本传统的极限,具有一种冲破千年专制网罗之潜势。图为当代杨参军、卢家华、郑泓《明末清初三大思想家》。

与黄宗羲和唐甄对绝对君权的激烈抨击相呼应,顾炎武(1613—1682)、王夫之(1619—1692)也对极端皇权专制做出理性批评。

顾炎武明确区分"国家"和"天下"两个概念。"国家"指一家一姓的王朝,"天下"则是万民的天下。在顾炎武的心目中,王朝的易姓改号与兴衰存亡只是关系着君臣与肉食者的升降沉浮问题,与民众利益无甚关系。而保天下,才是民众应尽的责任。近代梁启超把顾炎武的这一观点总结为"天下兴亡,匹夫有责",符合顾氏本意。顾炎武关于国家与天下之辨的议论,将民众利益置于君臣私利之上,显示了他批判君主专制的致思趋向。

王夫之名言是"一姓之兴亡,私也;而生民之生死,公也"[13],强烈主张"公天下",反对"以一人疑天下""以天下私一人"[14]。他进而提出,若君主肆行私欲,危害民众利益,那么君主"可禅、可继、可革"[15],对传统的君主神圣论提出挑战。

黄宗羲、顾炎武、王夫之、唐甄等人尖锐的反君主专制的思想,已达到民本传统的极限,具有一种冲破千年专制网罗之潜势。一旦新的阶级出现在历史的地平线上,这种文化精神,经过改造,便将直奔民主主义。

第四节

"下西洋"与"海禁"

中华民族曾焕发过相当雄健、恢宏的"拓边精神",但是,西汉卫青、霍去病,东汉窦宪(?—72),唐代李靖(571—649)、高仙芝(?—735)们拓边的锋锐,主要指向亚欧大陆腹地。"黄沙百战穿金甲,不破楼兰终不还"⑯,正是那一时代热血男儿向西北拓展的悲壮心情的表征。汉唐如此,元明清亦复如此。这大约是因为中华民族在古代,国防的生命攸关处和对外贸易的侧重点不在海疆而在陆疆,尤其在西北陆疆。

以游牧民族入主中原的元世祖忽必烈企图远征日本列岛,也许是中华帝国大规模征服海外国度的唯一一次尝试。此后的郑和(1371—1435)下西洋,以规模和航海水平论,当时都世无其匹,但这次远航并无向海外作军事征服的意图,也不是为着推销商品,而是从侄儿手里夺取皇位的永乐帝朱棣(1360—1424)企图通过"宣威海外"以提高声誉的一种努力,所谓"振纲常以布中外,敷文德以及四方"⑰;"耀兵异域,示中国富强"⑱。随郑和远航的马欢在《纪行诗》中说:

> 皇华使者承天敕,宣布纶音往夷域。

明白表示这是一次以"宣布纶音"为主要目标的御用的政治远航。当然,这一罕世之举得以进行,自有明代经济发达做后盾,在客观上也促进了中国与南亚、西亚、东非各国的经济文化交流,对当时的社会经济生活也产生了相当的影响:

> 自永乐改元,遣使四出,招谕海番,贡献毕至,奇货重宝,前代所希,充溢库市,贫民承今博买,或多致富,而国亦美矣。[19]

然而,"先后七奉使……凡三十余国,所取无名宝物不可胜计,而中国耗费亦不赀"[20]的郑和下西洋,终因没有获得社会经济生活的有力支持,当倡导者永乐皇帝辞世不久,便遭到广泛攻击。

站在以农业型自然经济为生计的大陆—海岸民族的立场上,郑和下西洋确乎是劳民伤财而又无补于国的"弊政",其戛然中止也就毫不奇怪了。这与实实在在第一次发现了地球的意大利人哥伦布(约1451—1506)、葡萄牙人达·伽马(约1460—1524)和麦哲伦(1480—1521)远航以后,在资本原始积累、地理大发现推动下西方人的航海活动澎湃汹涌、一发而不可收的情况,形成鲜明对比。

15世纪初叶的郑和下西洋,在航海史上如彗星现空,灿烂于一时,又转瞬即逝,而且无以后继,中国人终于失去加入15世纪、16世纪之交的世界性地理大发现行列的机会,落伍于西方的历史也由此埋下伏笔。

秦、汉、唐、宋、元、明诸朝,中国的海洋事业并未落后于世界水平,然而,到明末以后则渐入颓势。这与明清两朝出于专制统治的需要,

>>> 15世纪初叶的郑和下西洋,在航海史上如彗星现空,灿烂于一时,又转瞬即逝,而且无以后继,中国人终于失去加入15世纪、16世纪之交的世界性地理大发现行列的机会,落伍于西方的历史也由此埋下伏笔。图为郑和和侍者像。

采取闭关国策有关。明清两朝竞相厉行海禁、迁界政策,大大妨碍了海运(尤其是民间海运)的发展。而此间西方海洋事业突飞猛进,中国海洋事业明显落伍。明代洪武年间,禁止近海人民建造三桅以上大船下海与外国贸易,违者按谋叛罪处斩。永乐年间官营海运大有发展,郑和下西洋为一时盛举,但民间海上外贸仍遭禁绝,朝廷曾下令将民间海船"悉改为平头船",使其无法远航。这种压抑海运的苛政,其根本原因当然深藏于自然经济和专制政治之中,而直接缘故往往是朝廷为求得封闭后的稳固。

清初康熙年间,曾开放海禁。沿海商人一度"广置洋船,海上行走"[①]。但又受到封疆大吏的阻挠,如江苏巡抚张伯行诬上海商人张元隆结交海盗一案,便是典型事例。

雍正以后,尤其是乾隆年间,正式实行闭关政策,限定广州一口通商,并对民间海运横加干涉,到鸦片战争前后,中国人的海洋事业已大大落伍于世界步伐,当西方殖民者的炮舰驶抵国门之际,中国仍处于"茫茫大海,从无把握"[②]的境地。

第五节

西学东渐与中学西传

明清之际,也即 15 世纪至 17 世纪,世界格局发生重大变化,萌端于南欧地中海沿岸的资本主义,在欧洲各国迅速发展。资产阶级革命的先声——文艺复兴已达到极盛时期;与此同时,一个反对罗马教廷的宗教改革运动,如火如荼地蓬勃兴起。在此关头,以扶助教皇为宗旨的耶稣会成立,起而与新教抗衡。耶稣会十分注意培养博学的牧师,前往南美、非洲和亚洲。幅员广阔、人口众多的中国,自然成为耶稣会宗教扩张的重点目标。耶稣会士竞相来华,其间著名者有意大利传教士利玛窦、龙华民、高一志、熊三拔、艾儒略、毕方济、罗雅谷,葡萄牙传教士阳玛诺、傅汛际,德国传教士汤若望,法国传教士金尼阁,瑞士传教士邓玉涵。

这批传教士来到中国,努力顺应当地习俗,注意走上层路线,又推行学术传教方针,给明清之际的中国带来西方文化,主要是文艺复兴时期的科技成就。

一　天文历法

在传教士输入的九十多种西学（不包括神学著作）图籍中，天文历法方面的著作达四十三种，其中有二十种收入《崇祯历书》。《崇祯历书》基本上代表了传教士输入的西方天文历法的水平。

二　数学

西洋数学对中国影响最大的是利玛窦(1552—1610)、徐光启(1562—1633)合译的《几何原本》(前六卷)。该书介绍了古希腊数学家欧几里得的平面几何学，比中国传统几何学丰富，并具有严密逻辑结构的公理体系。

三　地理学

耶稣会士向中国学术界介绍的《坤舆万国全图》引进明确的地圆概念，并以经纬度划分球面，对于破除中国旧有的天圆地方或地平观念有着重要的意义，而且比传统的"浑天说"以"鸡蛋黄"比附地球的形状更为科学；还介绍了五大洲、三大洋的地理位置，体现了地理大发现

>>> 西洋数学对中国影响最大的是利玛窦、徐光启合译的《几何原本》(前六卷)。该书介绍了古希腊数学家欧几里得的平面几何学,比中国传统几何学丰富,并具有严密逻辑结构的公理体系。图为利玛窦和徐光启像。

的巨大成就。

四　物理学与机械工程学

传教士邓玉涵在《奇器图说》的导言提出,治机械学必须先修"重学、借资、穷理格物之学、度数之学、视学、吕律学"。该书第一卷讲解物理学的基本原理,如重、重心、重容、比例等问题。第二卷讲机械学基本知识,如天平、杠杆、滑轮、斜面等。第三卷才是各种"奇器"的具体制造方法,显示出近代科学理论思维的严密逻辑过程。

此外,熊三拔所介绍的《泰西水法》、汤若望《远镜说》所介绍的望远镜的制作技术及其使用方法,均引起人们的兴趣。

五　火炮制造术

中国发明的火药及火器制造术经阿拉伯传至欧洲,引起欧洲的兵器革命。至 14 世纪中叶,欧洲的火器制造术已比中国先进。明代所获火器,均是在平倭、败佛郎机(明代对西班牙、葡萄牙的混称)的战斗中夺得。清初汤若望(1592—1666)作《火攻揭要》《神威图说》,详细介绍西洋制炮技术和炮战技术。

在自然科学之外,耶稣会士还将基督教神学传播于中国。作为一种宗教文化,它显然在特质上不同于中国世俗文化,因此,它与中国

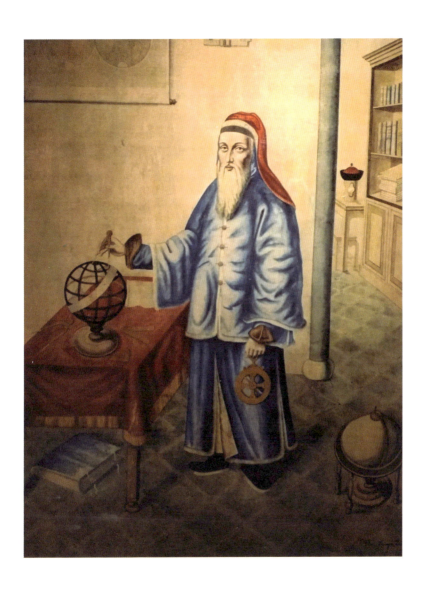

>>> 清初钦天监汤若望作《火攻揭要》《神威图说》,详细介绍西洋制炮技术和炮战技术。图为汤若望像。

传统发生冲突在所难免。

与西学注入中国文化系统的同时,中国文化也经西方传教士的传介,在欧洲流播开来。在欧亚大陆的两大文明之间,耶稣会士不自觉地成为"文化联系的最高范例"。

利玛窦的先驱罗明坚是第一个用汉文发表教理书的传教士,也是第一个翻译"四书"的西洋人。其后,金尼阁发表利玛窦著作《基督教远征中国史》,揭示儒学的主要观念。熟谙于中华文明的利玛窦在1604年致耶稣会长的书简中还提到有关"太极"和"理"的理论。有关理学的介绍也日益广泛。

1735年,耶稣会士杜赫德在巴黎刊印由耶稣会士在中国的考察资料汇总成的巨著《中华帝国志》。这部被誉为"中国百科全书"的大部头著作分为四卷:第一卷记叙各省地理和历朝编年史,第二卷研究政治、经济、经典和教育,第三卷介绍宗教、道德、医药、博物等科目,第四卷介绍归入满洲帝国版图或附属的地区。许多中国著作的译文如《古文观止》《赵氏孤儿》都被收入该书。《中华帝国志》对于中国历史文化在欧洲的播扬起了颇为重要的作用。法国"百科全书派"启蒙学者与德国、英国的知识界均以此书作为了解中国的重要材料。

欧洲启蒙学者首先从中国这一古老文明中充分汲取营养。启蒙大师们的思想特征,是一切诉诸理性、把理性当做一切现存事物的唯一裁判者。然而,以宗教神学为主体的欧洲中世纪思想传统与启蒙思潮全然对立,来自东方的中国人文传统,便成为启蒙运动者汲取精神力量的重要来源,成为莱布尼兹(1646—1716)、伏尔泰(1694—1778)等启蒙思想家笔下"借以鞭挞旧欧洲的'巨杖'"。

与欧洲启蒙思想家海绵般从中国精神中汲取营养的同时,17世纪、18世纪的欧洲社会,特别是法国,也因耶稣会士的介绍与中国、西欧间贸易的蓬勃展开,而对中国物质文明产生浓厚的兴趣。当时的欧洲流行中国的茶、丝绸、绣品、瓷器和漆器,在艺术样式上,以中国艺术为泉源的洛可可风格大为盛行。

以耶稣会士为中介而展开的17世纪至18世纪的西学东渐与中学西渐,对中华文明系统的新变,以及对欧洲文明的发展乃至整个世界文明的发展都具有积极意义。不管耶稣会士远渡重洋、翩翩东来的本初动机是什么,他们在欧亚两大文明交流中都是功不可没的。

第六节

学术集成

明清两代,中国古典文明进入总结阶段。其突出表现之一,便是士人对先秦以来全部古籍,系统从事考释、训诂,其中尤以清代乾隆、嘉庆年间为甚,形成"乾嘉朴学"。"乾嘉朴学"上承东汉许慎、郑玄之学,故又称"汉学""考据学",分为吴派和皖派,吴派治经从古文字入手,重视音训,以求经义,代表学者是惠栋(1697—1758);皖派从小学、音韵入手,判断经义,实事求是,代表学者是戴震(1723—1777)。朴学在中国古文献的考订、校勘、辨伪和辑佚方面,劳绩斐然,又从解经扩大到史籍和诸子,从诠释经义扩大到考究历史、地理、天文历法、音律、典章制度,对中国古典文明做了一次大整理。

明清两代还调动巨量人力、物力,编纂《永乐大典》《古今图书集成》《四库全书》等类书、丛书,将古代浩如烟海的典籍加以排比荟萃。这些类书、丛书规模之宏大、编制之精密,不仅在中国是空前的,而且在世界文明史上亦屈指可数。

《永乐大典》是明清第一部巨型类书,它的编纂揭开这两个朝代汇辑群籍浩大工作的序幕。

>>> "乾嘉朴学"上承东汉许慎、郑玄之学,故又称"汉学""考据学",分为吴派和皖派。吴派治经从古文字入手,重视音训,以求经义,代表学者是惠栋;皖派从小学、音韵入手,判断经义,实事求是,代表学者是戴震。图为戴震像。

早在洪武年间,中书庶吉士解缙(1369—1415)便向明太祖提出纂修大型类书的建议,此议为明太祖所赞许。明成祖登位后,着意于"武功文治"。1403年(永乐元年)七月,谕翰林侍读学士解缙,编修大型图书,"毋厌浩繁"。根据明成祖的指示,解缙等博采众书,分门别类,依韵纂辑了一部大类书,于次年冬呈上,成祖赐名《文献大成》。由于编纂匆促,内容简略,"上览所进之书,尚多未备",遂命重修,并令太子少保姚广孝(1335—1418)等与解缙同为监修,开馆于南京文渊阁。1407年(永乐五年)冬,重修《文献大成》毕,书上,改赐名《永乐大典》。全书二万二千九百三十七卷。此前,我国也出现过一些大型类书,如宋代李昉编的《太平御览》,一千卷;王钦若编的《册府元龟》,一千卷;唐代高士廉编的《文思博要》,一千二百卷;张昌宗编的《三教珠英》,一千三百卷。但其规模均无法与《永乐大典》相比。

清初《古今图书集成》的撰辑与《永乐大典》的编纂不甚相同。此书先由康熙第三子、诚亲王胤祉的侍读陈梦雷,据"皇考指示训诲,钦定条例"所编,"时在康熙三十九年。至四十五年五月书成,名为'汇编'。凡汇编六,为典三十二,为部六千有奇。越十年进呈,赐名《古今图书集成》,命儒臣重加编校,六十年,尚未就。世宗乃命蒋廷锡督在事诸臣成之,编仍其旧,志易为典"。1726年(雍正四年),用铜活字排印,共六十四部。

编纂于乾隆年间的《四库全书》,其工程之浩大,更超乎《永乐大典》和《古今图书集成》。

从1772年(乾隆三十七年)下诏征书到1782年(乾隆四十七年),是《四库全书》纂修工作的第一阶段。从《永乐大典》中校辑出来将近四百种宋元古佚书;在全国范围内采访到大量遗书,仅乾隆三十七年至三十九年两年间,便集成一万多种。此外,纪昀(1724—1805)、陆锡熊等学者还完成《四库全书总目·提要》初稿。乾隆四十七年正月,第一份《四库全书》编成,《四库全书》的纂修的工作转入第二阶段。

第二阶段包括如下内容:(一)完成《四库全书》北四阁的缮写并南三阁的抄写工作;(二)赶办大批官书,如《大清一统志》《开国方略》《满洲源流考》等,及时编入《四库全书》,以宣扬大清皇家的"盛治"。1770年(乾隆五十三年),南方三阁书抄成,分贮扬州文汇阁、镇江文宗阁、杭州文澜阁。《四库全书》的纂修大体结束。而纪昀等编撰的《四库全书总目》和《存目》,在初稿完成后,又经过长时期修改、补充,直至1793年(乾隆五十八年)年才由武英殿刊版印行。在《四库全书》纂修的二十多年中,任职于四库馆的共有三百六十人,若加上从事缮写、装订的人数在内,最多时达到三千八百人。其历时之长,动员人力、物力之巨,非安定、强盛的朝代无法企及。

《永乐大典》《古今图书集成》与《四库全书》的体例不同。《永乐大典》《古今图书集成》属于类书,即分类汇编各种材料以供检查之用的工具书。如唐代欧阳询所编《艺文类聚》第五十八卷"杂文部"内"纸"的条目下,列举蔡伦造纸的传说,韦诞、陈寿、葛洪、杨修等人有关纸的故事,以及晋代傅咸(239—294)的《纸赋》、梁代刘孝威(?—548)的《谢赉宫纸启》;把有关纸的多种材料辑录在一起,以供采择,正表明类书的作用。类书所涉范围相当广泛,诗文、辞藻、人物、典故、天文、地理、典章、制度、飞禽、走兽、草木、虫鱼以及其他许多事物,几乎无所不包。与近代百科全书颇相类似。《四库全书》则是丛书,它把多种著作整部编印在一起,功能在于广泛网罗散逸书籍。由于"荟萃古人之书,并为一部",丛书对学术研究具有重要意义。

>>> 早在洪武年间,中书庶吉士解缙便向明太祖提出纂修大型类书的建议,此议为明太祖所赞许。明成祖登位后,着意于"武功文治"。1403年(永乐元年)七月,谕翰林侍读学士解缙,编修大型图书,"毋厌浩繁"。图为当代高云、安玉民、李强、詹勇《永乐大典》。

明清两代纂辑类书、丛书，不仅在中华文明史上气象空前，在世界文明史上也罕见其匹。《古今图书集成》同《永乐大典》《四库全书》相比算是小个子，但与三千五百万字的《大英百科全书》比较起来，仍可称为煌煌巨帙，因而在国外获得"康熙百科全书"之称。与18世纪中叶法国狄德罗所主编的著名的《百科全书》比较，更可得见明清类书、丛书规模的宏伟。

狄德罗《百科全书》，字数三千二百六十八万字；明代《永乐大典》三亿七千万字，约为《百科全书》字数的十二倍；清代《古今图书集成》一亿六千万字，约为《百科全书》字数的七倍；清代《四库全书》九亿九千七百万字，约为《百科全书》字数的四十四倍。

若将《四库全书》的四千万页摊开，逐页相接，可以绕地球一周又三分之一圈。自《四库全书》纂修迄今，无论中外，尚无一部书籍的规模可与之相比。

第七节

小说丰收

中国文学代有高峰,继《诗经》、楚骚、汉赋、六朝骈文、唐诗、宋词、元曲之后,明清小说极一时之盛。《中国图书总目》收明清小说七百一十三种,《中国通俗小说书目》收明清通俗小说六百七十种。两者相加,明清小说存目即有一千三百余种,诚为洋洋大观。

明清小说繁盛,从社会条件而论,是城市繁荣、商品经济发展、印刷术普及的产物,也与市民思潮的涌动有关。冯梦龙(1574—1646)、李贽、"公安三袁"、金圣叹(1608—1661)等文人倡导、点评小说,把小说提到与"四书""五经"同等地位,无疑也是小说在明清两代发皇张大的助力。

从文学自身发展而论,明清小说承袭宋元说话传统,与民众现实生活密切相关,为老百姓所喜闻乐见。而且,同为通俗文学形式,小说较之戏曲等便于案头阅读,状物摹影都在字里行间淋漓尽致,其内容与形式都有利于在民间传播。

明代小说流行最广的是"四大奇书"——《三国演义》《水浒传》《西游记》《金瓶梅》,它们分别是历史演义、英雄传奇、神魔小说、世情

>>> 清代小说也有四大流派:"拟古派"以《聊斋志异》为代表,"人情派"以《红楼梦》为代表,"讽刺派"以《儒林外史》为代表,"侠义派"以《三侠五义》为代表。因为清代孙温,全本绘《楼梦》。

小说的代表。

《三国演义》，元末明初罗贯中(约1330—约1400)据陈寿《三国志》及民间传说创作，所谓"七实三虚"，描写东汉末年及三国时代的政治军事冲突，结构恢宏，人物众多，情节曲折，曹操、刘备、关羽、诸葛亮等成为妇孺皆知的艺术典型。

《水浒传》，元末明初施耐庵在《宣和遗事》及有关话本、故事基础上创作，描写北宋末年梁山泊起义，塑造宋江、林冲、李逵、武松、鲁智深等英雄豪杰形象，语言生动，人物性格鲜明。

《西游记》，明代吴承恩(约1500—约1582)在民间流传的唐僧取经故事和有关话本、杂剧基础上创作，塑造孙悟空、唐僧、猪八戒等艺术典型，情节跌宕，语言生动，想象丰富。

《金瓶梅》，明代兰陵笑笑生作，借《水浒》中西门庆、潘金莲故事为线索，展开市井风情，描摹世态细腻，语言艺术高超。

清代小说也有四大流派，"拟古派"以《聊斋志异》为代表，"人情派"以《红楼梦》为代表，"讽刺派"以《儒林外史》为代表，"侠义派"以《三侠五义》为代表。

《聊斋志异》，清代蒲松龄(1640—1715)所作文言短篇小说集，以谈狐说鬼的形式，揭露现实的黑暗，于科举制度和礼教皆有批判，对青年男女的诚挚爱情予以赞颂。

《红楼梦》，前八十回曹雪芹(？—1763)作，后四十回高鹗(约1738—约1815)续，以贾、史、王、薛四大家族为背景，以贾宝玉、林黛玉的爱情悲剧为主要线索，描绘贵族集团的生活场景，抨击礼教对人性的戕害。语言生动优美，人物栩栩如生，达到古典小说高峰，其思想和手法都进入一个崭新境界。

>>>《聊斋志异》,清代蒲松龄所作文言短篇小说集,以谈狐说鬼的形式,揭露现实的黑暗,于科举制度和礼教皆有批判,对青年男女的诚挚爱情予以赞颂。图为蒲松龄像。

《儒林外史》,吴敬梓(1701—1754)作,刻画各类士人利欲熏心的精神面貌,对科举制度做了深刻谴责和嘲讽,语言纯净精炼,善写人物性格。鲁迅称其"秉持公心,指谪时弊,机锋所向,尤在士林"。

《三侠五义》,清代据单弦艺人石玉昆说唱本笔录,写侠客助清官包拯断案故事,反映现实黑暗,宣扬礼教,维护专制社会秩序。

明清小说不仅重结构,重情节,而且在结构情节的展开中重视理性指导,所谓"情理之中,意料之外"。在人物塑造上,善于运用对比、白描、虚实结合、多样统一等手法,故"人有其性情,人有其气质,人有其形状,人有其声口"。

注释：

① 《且介亭杂文·病后杂谈》。

② 朱彝尊:《道传录序》。

③ 顾炎武:《日知录》卷十六"试文格式"。

④⑤ 《传习录》中。

⑥ 《明儒学案·泰州学案》。

⑦ 《王心斋遗集》卷一,《语录》。

⑧ 《藏书》卷二十四。

⑨⑩ 《汤显祖诗文集》卷四十七,《复甘义麓》。

⑪⑫ 《潜书·室语》。

⑬ 《读通鉴论》卷十七。

⑭⑮ 见《黄书》。

⑯ 王昌龄:《从军行七首》其四。

⑰ 《星槎胜览自序》。

⑱⑳ 《明史·郑和传》。

⑲ 《殊域周咨录》卷九,《佛郎机传》。

㉑ 《东华录》康熙朝,卷九十四。

㉒ 《中西纪事》卷二十三。

第十章

转型时代

——清末至五四运动

文明是一个生生不息的新陈代谢过程，其间有量变、渐变，也有质变、突变。如果说，古代中华文明大都处在量变、渐变之中，那么，近代中华文明则发生质变、突变。这与世界形势有关。18世纪、19世纪之交，西方资本主义咄咄逼人地向东方拓展，而中国却以其悠久历史铸成的惯性与自尊，力图维系封闭格局。冲突不可避免。鸦片战争将这一冲突以血与火的形式彰显于世。中国战败了，西方殖民主义者用商品、炮舰、鸦片和不平等条约将中华民族裹挟进世界统一市场，中华文明遭遇到前所未有的挑战。正是在与异质文明——西方资本主义文明灵与肉、笔与剑的交锋中，中华文明实现从中古形态向近代形态的转型。

第一节

开眼看世界

1840年英国发动鸦片战争,以坚船利炮打上门来,清廷朝野上下均"震于英吉利之名,而实不知其来历"[①]。受命钦差林则徐,赴粤禁烟之初,竟以为洋人腿直,不能弯曲,即便开战,也不堪一击。西方是新锐突进,有备而来;东方是老大羸弱,浑浑噩噩。在这种情况下,中英尚未正式交火,战争的结局便已定型。

列强的大炮轰开了紧闭的国门,给中华民族带来深重的灾难和屈辱,但它同时也开启了一扇窗口,使中国人得以窥见域外世界的新鲜图景。"开眼看世界"成为中华民族从沉睡中觉醒的标志。林则徐(1785—1850)、徐继畬(1795—1873)、魏源(1794—1857)等人,担当了时代的前驱。

1839年,林则徐以钦差大臣身份,赴广东禁烟。在同洋人直接打交道的过程中,林则徐深感"不谙夷情"之苦。现实斗争的迫切需要和"知己知彼"的传统古训,促使林则徐"日日使人刺探西事",又令随行译员翻译英国商人主办的《广州周报》《广州纪事报》等报刊,编成《澳门新闻纸》,从中择要编成《澳门月报》,在《论中国》《论禁烟》等名目下,

>>> 1839年,林则徐以钦差大臣身份,赴广东禁烟。图为表现虎门销烟情形的浮雕。

综述洋人言论。他还令人翻译英国人慕瑞《世界地理大全》，编成《四洲志》，概述五大洲三十余国的地理、历史，重点介绍英、美、法、俄等国情形。又译出瑞士人滑达尔的《各国律例》，了解西方法律。

鸦片战争时期，与林则徐同样关注外洋、寻求新知的，还有不为人们熟悉的徐继畬。徐继畬撰写十卷本《瀛寰志略》，配以四十二幅地图，论述"地形如球""海得十之六有奇，土不及十之四"，介绍亚、欧、非、美、澳洲数十国情形，内容包括地理、历史、民风、物产、制度，精审谨严，尤以英、法等国为详尽。

继承并光大林则徐"开眼看世界"事业的最重要人物是他的朋友魏源。1841年8月，林则徐自杭州赴戍新疆，途中邂逅魏源于江苏京口（今镇江），老友相会，家国忧患，百感交集，两人通宵对榻，抵掌做彻夜谈。林则徐将《四洲志》手稿及有关材料交给魏源，嘱托他进一步研究外情。魏源不负众望，于次年完成《海国图志》五十卷本，1852年又扩充为一百卷本，洋洋八十余万言，配图百余幅，是19世纪中叶中国乃至东亚内容最丰富的世界知识百科全书。尤其具有时代意义的是，魏源在《海国图志》中卓有胆识地提出"师夷长技以制夷"的思想，率先突破"夷夏之大防"，不仅承认西方物质文明相对于中国的先进性，而且明确表现出学习西方、赶超先进的开放襟怀，预示了中国近代文化变迁的基本方向。

鸦片战争以后，"华夷隔绝之天下，一变为中外联属之天下"。"开眼看世界"，也成为先进中国人共同的思想特征。就在徐继畬、魏源等士大夫汲汲于著书立说，"谈瀛海故实"的同时，活动于桂、粤山区的一介塾师洪秀全（1814—1864），破天荒地引入西方宗教并加以改铸，使

>>> 继承并光大林则徐"开眼看世界"事业的最重要人物是魏源。1841年林则徐将《四洲志》手稿及有关材料交给魏源,嘱托他进一步研究外情。魏源不负众望,于次年完成《海国图志》五十卷本,1852年又扩充为一百卷本,是19世纪中叶中国乃至东亚内容最丰富的世界知识百科全书。图为魏源雕像。

之奇迹般地唤起亿万中国农民的共鸣,掀起一场历时十三年、席卷半壁河山的太平天国风暴。然而,从太平天国的纲领和实践看,其经济上的平均主义、政治上的集权主义、意识形态上的道德主义,说明仍未脱出旧式农民战争的故迹。

第二节

近代文教设施

19世纪60年代,"洋务"事业在镇压"内乱"与抵御"外患"的双重目标下发生。19世纪60年代至70年代,它以"求强",兴办近代军事工业为中心。19世纪70年代至80年代,又以"求富",兴办近代民用工业为重点。

奕䜣(1838—1898)、曾国藩(1811—1872)、左宗棠(1812—1885)、李鸿章(1823—1901)、张之洞(1837—1909)等人兴办"洋务"事业的初衷,在于援西洋之长,以扶清朝统治大厦之将倾。但是,洋务实践毕竟将近代文明发动机的机楔拧拨了一下,当机楔一旦转动,就逐渐地向着毁灭旧制度的爆炸点走去,再也没有任何力量能够迫使它停止。这一由清朝"中兴名臣"引入中华大地的大工业生产方式及与之相联系的典章制度和意识形态,按照它自身的发展规律,艰难地却不可阻挡地成长,促成文化的近代转型。

19世纪中叶以后,中华文明从封闭的僵壳中部分地解脱出来,面对着广阔的世界呼吸吞吐,接纳西方近代文明的新鲜养料,调节、完善自己的再生机制。这个痛苦但却充满希望的生命过程,首先体现为近

赠太傅原任武英殿大学士两江总督一等毅勇侯谥文正曾国藩

>>> 奕䜣、曾国藩、左宗棠、李鸿章、张之洞等人兴办"洋务"事业的初衷,在于援西洋之长,以扶清朝统治大厦之将倾。图为曾国藩像。

代工业的建立、交通运输的发展、沿海城市的工商业以及农村商品经济的扩展,在此基础上,生机勃勃的新质细胞在中华文明肌体内由隐而彰、由弱而强地分蘖、繁殖起来。

一 书院改制与新学堂开办

新的时代呼唤着新的人才,从而将教育制度改革提上日程,一方面是旧书院的改制,另一方面则是新学堂的开办,而书院改制的方向,也是向新学堂靠拢。

外国传教士设立的教会学校,是近代新式学校教育的开端。19世纪30年代到50年代,传教士在广州、香港、澳门、宁波、上海、福州等地开办学校,这些学校教授内容仅为宗教、英文,规模很小,程度很低。1860年第二次鸦片战争以后,教会学校有了较大发展。1876年,教会学校总数为三百五十所,学生总数五千九百七十五人。到1898年,单单美国传教士开办的学校中学生人数就超过二万。教会学校开设了一些中国传统教育所缺的课程,如语言、地理、历史、数学、自然科学和宗教。为应教学需要,教会学校编译出一批中国近代早期的自然科学教本,如《笔算数学》《形学备旨》《代数备旨》《三角数理》《数学理》《代数术》《格致须知》《八线备旨》《重学》[②]等,起到了传播新文化、开风气之先的作用。

清政府开办的新学堂,首推京师同文馆。

1861年1月,清政府设立专门办理对外事务的总理各国事务衙

>>> 新的时代呼唤着新的人才,从而将教育制度改革提上日程,这一方面是旧书院的改制,另一方面则是新学堂的开办,而书院改制的方向,也是向新学堂靠拢。清政府开办的新学堂,首推京师同文馆。图为京师同文馆人员的合影。

门。奕䜣在请求设立总理衙门的奏折中建议设立培养外语人才的学校。1862年6月11日,英文馆正式开课,学生十人,均为八旗子弟。1863年4月,又开设法文馆和俄文馆,学生增至三十人。1866年12月及次年1月,奕䜣等又两上奏章,请求在同文馆内增设天文算学馆,延聘西人教习。根据1890年京师同文馆馆规,学生肄业八年,学习外国地理、历史、代数、几何、三角、化学、天文、外语翻译等课程,这时的京师同文馆,已发展成为一所文理综合性的实用科学专门学堂。其培养目标、课程设置、训练制度,均与旧式书院大相径庭,初步具备近代学校的特点。

在新时局、新时潮的逼迫下,清政府对科举制度及旧式书院、学塾进行局部的改良,从课程设置到教学形式都渐渐接近新学堂。1898年开设的京师大学堂,是中国近代综合大学的端绪、北京大学的前身。

1901年,清政府明令废除八股,改试策论,废除武试。科举形式有了改变。1903年,张之洞、张百熙等合订的《奏定学堂章程》奏准颁布。完全不同于传统学制的新教育制度呱呱坠地。1905年8月清政府宣布"停科举以广学校",从606年(隋大业二年)起实行一千三百年之久的科举制度,终于寿终正寝。

二 近代报刊的发行及出版机构的建立

社会信息量的成倍增长及传播速度的加快、传播范围的扩展,是近代社会的最基本标志之一。社会生活频率的明显加速,文化信息的

>>> 1898年开设的京师大学堂,是中国近代综合大学的端绪、北京大学的前身。图为京师大学堂匾额。

激增,以及各政治集团宣传舆论工作的急切需要,刺激了近代报纸、杂志出版业从零起步,迅速发展。

鸦片战争以前,清政府禁止外国人在中国办报。鸦片战争以后,西方列强取得在华办报特权。从1860年到1890年,仅耶稣会主办的报刊即多达七十余种。教会报刊中,影响最大的是《万国公报》,发行量最高达五万四千份,曾对维新派人士产生重要影响。

外国商办报刊也发展起来,而且后来居上,在社会影响方面,超过了教会报刊。外国商办报刊中最著名者为《申报》。从1872年4月30日创刊到1949年5月停刊,长达七十七年,是中国近代历史最久的报纸。

近代中国人自己主持的报纸,滥觞于林则徐1839年在广州组织人员编译的《澳门新闻纸》。林则徐又将《澳门新闻纸》中的材料,摘编成《澳门月报》,送有关方面参考。不久,林则徐被撤职,两报也随之停刊。

随着中国资产阶级的诞生,反映其要求的报刊纷纷问世。1868年,伍廷芳(1842—1922)在香港创办《中外新报》,首次采用西方报纸形式编排,不再采用书本形式。1874年1月,改良派思想家王韬(1828—1897)在香港创办《循环日报》,该报最大特色是每日于头版头条位置发表政论一篇,多由王韬撰写,文字浅显,论说透辟且富于激情,具有强烈的鼓动性。

在维新变法运动中,报纸发挥了极大的宣传鼓动作用。1895年8月,康有为创办的《中外纪闻》在北京出版发行。梁启超、麦孟华主其笔政,内容有上谕、外电、各报选录、译报、评论等。该报鼓吹维新变法,免费赠送在京官员阅读,使之"渐知新法之益"。

>>> 在维新变法运动中,报纸发挥了极大的宣传鼓动作用。1895年8月,康有为创办的《中外纪闻》在北京出版发行。梁启超、麦孟华主其笔政,该报鼓吹维新变法,免费赠送在京官员阅读,使之"渐知新法之益"。图为康有为与梁启超在万木草堂。

在顽固派的高压之下,《中外纪闻》被查封。维新派于 1896 年 8 月又在上海创办《时务报》,开办之初,十天一册,每期论说文四千余字,由梁启超手撰。他才思敏捷,行文酣畅淋漓,笔锋常带感情。严复盛赞曰:"任公文笔,原自畅遂,其自甲午以后,于报章文字,成绩为多,一纸风行海内,观听为之一耸。"③《时务报》出版仅几个月,销量达一万七千余份,创当时报刊售量最高记录。

《时务报》创办的次年,著名启蒙思想家严复在天津创办《国闻报》。严复以英国《泰晤士报》为《国闻报》楷模,其宗旨一是"通上下之情",二是"通中外之故"。重视外国报纸书刊的译介,是其显著特色。深刻影响中国几代知识分子的严译名著《天演论》,便在《国闻报》馆所编旬刊《国闻汇编》上首先与世人见面。

1898 年 6 月,在变法高潮中,光绪帝下令准许官民自由办报。中国近代报刊事业,出现第一个高潮。1895 年至 1898 年期间,公开发行的报纸多达六十余种,不但出现于上海、汉口等通商口岸,而且出现于长沙、桂林、重庆、西安等内地城市。

我国近代出版机构中,历史最久、影响最巨的,当推商务印书馆和中华书局。

商务印书馆于 1897 年创设于上海。创办人夏瑞方、鲍咸恩、鲍咸昌、高凤池,在上海江西路德昌里赁屋开业。1901 年张元济(1867—1959)的加入,给商务印书馆的发展注入强大活力。

中华书局成立于 1912 年元旦,创办人是陆费逵。教科书和儿童读物是中华书局的出书重点。从创办之日到 1949 年,共出版教科书四百余种,居出版界之冠。

>>> 《时务报》创办的次年,启蒙思想家严复在天津创办《国闻报》。图为严复及手迹。

赫胥黎治功天演論序

西洋名學家穆勒約翰有言欲考一國之
文字語言而能見其理極非語曉畫國之
字語言必不能也斯言也吾始疑之乃今篤信
深喻而知其說之無以易也夫豐佳文字語言
因之設者而云耶至夫古之人彈单
生之精力而注事於一學術猶有漢藏之一心印為
高臨之上音著之前榮而為司言因以有見而得
此經之由而以有其以載焉氣倍之故鳴乎尝偶世祚
自後人讀古人之書而永為其人之學則使悟古人所
深以為難者己有廣助真慌之異美亦歷焦之

第三节

新知识分子

新的时代条件,新的文化环境造就了不同于传统士大夫阶层的新一代知识分子群体。依据他们产生的来源,又可分为两大类型:一是由士大夫营垒分化而出,一则由新文化培育而成。

第一类近代知识分子,早年基本上受传统文化的熏陶。他们在时代的感召下,逐渐接受新思想、新文化的影响,一般说来,他们的政治主张比较温和,在思想深处与旧文化藕断丝连。冯桂芬、王韬、薛福成等人均属这一类型,而张謇(1853—1926)则可以作为其典型代表。这位在中国近代史上颇著声名的"状元资本家",幼年攻经书,青年为幕僚,壮年中状元、办实业,晚年兴宪政、入内阁,一生经历坎坷且富传奇色彩。他提出并终生实践的"实业救国""教育救国"的主张,是出身旧营垒的近代知识分子在当时的历史条件和认识水平之下所能采取的选择。

第二类近代知识分子,系统接受资本主义新文化,他们或者就读于洋人执教的新式学堂,或者远涉重洋,负笈异邦,用新的文化构件,组建自己的知识系统。一般说来,他们较少传统羁绊,对新文化的理

>>> 第一类近代知识分子,早年基本上受传统文化的熏陶。他们在时代的感召下,逐渐接受新思想、新文化的影响,一般说来,他们的政治主张比较温和,在思想深处与旧文化藕断丝连。张謇可以作为其典型代表。图为张謇(右一)与黄兴(右三)等人出席中国第一个植树节。

解和把握较为深刻,在近代西学东渐中的作用显然超过前一类知识分子。其弱点则是易于脱离中国社会的实际状况和民众心理态势,试图机械地移植资本主义政治、经济、文化于中国,而犯了空想主义、教条主义和学理主义的毛病。这一类型以何启(1858—1914)、胡礼垣(1847—1916)、容闳(1828—1912)为代表。何启留学英国,先后学医、学法律,后在香港以律师为业,又创办西医书院。他认为"政者民之事",反对君主专制。后又参与孙中山筹划的广州起义,起草对外宣言。胡礼垣科举屡试不第,入香港皇仁书院学习。曾访问苏禄国(现属菲律宾),助其国王整理国政。1894年后,一度代理中国驻日本神户领事。何启、胡礼垣二人合著《新政真诠》,批驳名教纲常,鼓吹天赋人权论和社会契约论,是19世纪后期十分活跃的资产阶级政论家。容闳七岁即入澳门的"西塾"读书,十九岁赴美留学,考入耶鲁大学。学成归国,他对太平天国进行实地考察,向洪仁玕陈述建设近代军事、政治、经济、教育的七条方针,希望通过太平军来"为中国谋福利"。这一尝试失败后,他又鼎力协助洋务官僚建成近代中国第一个大型新式企业江南机器制造总局,组织四批共一百二十名幼童以官费赴美留学。

近代知识分子不同于传统士大夫阶层的"新"特色,主要体现在如下几个方面。

一 时代意识

知识分子最先意识到时代之变:世界已不再是传统意义的"天

>>> 容闳七岁入澳门的"西塾"读书,十九岁赴美留学。学成归国后他提议,由朝廷派遣学生赴美留学,以培育人才、学习西方之长。他的建议得到曾国藩、李鸿章的支持,获得朝廷批准,组织四批共一百二十名幼童以官费赴美留学。图为第一批留美幼童。

下",中国也不再是国人自诩的居天下之"中"的天朝上国,夷夏关系在变,世道与人心在变。自觉的、强烈的时代意识,是新知识分子的明显特征。

二 知识结构

知识分子阶层拥有专门文化知识,其内容和结构已非传统士大夫所可比拟。

三 新的角色认同

中国传统士人素以治国、平天下为人生价值的最高实现。由士而仕,投身宦海,是其规范的自我角色认同。

进入近代,知识的门类急剧扩充,科学知识,尤其是自然科学知识独立于社会政治之外的价值地位逐渐被社会所承认。科举制度终于废除,职业分工更趋细密。在新的时代文化背景之下,知识分子开始了新的、双向的角色认同。一方面,他们在内忧外患交迫、民族生死存亡的时代条件下,继承并发挥士大夫忧国忧民、以天下兴亡为己任的传统,"铁肩担道义,妙手著文章",自觉担当反对帝国主义和专制制度的先锋;另一方面,他们又开始与政治分离、向知识回归,到静谧的图书馆、实验室内,潜心钻研,以卓越的学术成就,服务于社会的科学、

鐵肩擔道義

妙手著文章

> > > 在新的时代文化背景之下,知识分子开始了新的、双向的角色认同。一方面,他们继承并发挥士大夫忧国忧民、以天下兴亡为己任的传统,"铁肩担道义,妙手著文章",自觉担当反对帝国主义和专制制度的先锋。图为现代李大钊的手迹。

文教事业,以此实现知识与个体人格的价值。

上述双向角色认同是就近代知识分子的总体而言。具体到每个个体,显然存在一种方向互逆的艰难抉择。不过,这种抉择的结果,却并非绝对的非此即彼,而是依据个体性格、禀赋、觉悟的差异,分别表现为超然治学、学术救国、舆论干预、直接参政四类情况。政治与学术两极之间的多层次选择,使近代知识分子的性格面貌更加丰满,也使得近代文化的历史进程更加曲折。

第四节

体用之辨

洋务事业的推行,在朝野上下引起强烈反响。清廷内部,顽固派以"立国之道,尚礼义不尚权谋;根本之图,在人心不在技艺"之类的陈腐论调攻击洋务派"捐弃礼义廉耻的大本大原",而洋务派力陈当此"三千余年一大变局",兴办洋务正好比"君父之有危疾"而"百计求医",非如此不足以存亡继绝。双方论争不休,古井无波的思想界渐起涟漪,由"死水微澜"而"大波巨浪"。这集中体现在关于中学与西学"体""用"关系的热烈争鸣。

19世纪60年代,冯桂芬(1809—1874)不仅承认船坚炮利不如人,而且承认"人无弃才不如人,地无遗利不如人,君民不隔不如人,名实必符不如人"①,进而提出"改科举""采西学""制洋器"等措施。他把自己的主张归纳为"以中国之伦常名教为原本,辅以诸国富强之术"。冯桂芬虽然没有提出"体"与"用"的对等之词,但明确表示了将西方近代文化之"用"与中国传统文化之"体"嫁接起来的思想,他也因此成为洋务巨擘李鸿章的幕僚。

19世纪70年代,洋务大吏的智囊人物王韬(1828—1897)、马建忠

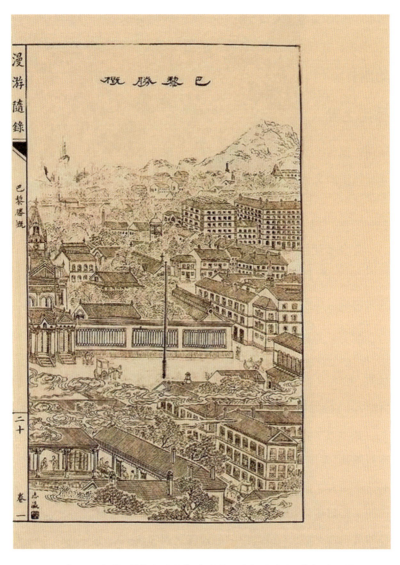

>>> 19世纪70年代,洋务大吏的智囊人物王韬、马建忠、薛福成纯熟地运用中国传统范畴体系中的道与器、本与末、形而上与形而下等概念来比较中西文化的优劣、主从关系,具有更加鲜明的理论色彩。图为王韬《漫游随录》中《巴黎胜概》插图。

(1845—1900)、薛福成(1838—1894),沿着冯桂芬的思路继续缓慢推进,他们一方面大声疾呼发展工艺科技,扶助民族资本,开办近代工业,振兴商务外贸,废除科举制度,建立新式学堂,甚至提出仿效西方实行议院制度,另一方面仍坚持"取西人器数之学,以卫吾尧、舜、禹、汤、文、武、周、孔之道"⑤。他们的论述超出冯桂芬之处,在于纯熟地运用中国传统范畴体系中的道与器、本与末、形而上与形而下等概念来比较中西文化的优劣、主从关系,具有更加鲜明的理论色彩:

> 形而上者中国也,以道胜;形而下者西人也,以器胜,如徒颂西人,而贬己所守,未窥为治之本原者也。⑥

进入19世纪90年代,内忧日甚,外患日迫。中西文明在军事、政治、经济等各种领域全面交锋,"洋务"事业进入高峰。士林中人对中西文明关系的思考,也进入一个新的阶段。这一阶段的最大思想结晶,便是"中体西用"说的正式出现和广为流行。梁启超这样说道:

> 甲午丧师,举国震动;年少气盛之士,疾首扼腕言"维新变法",而疆吏若李鸿章、张之洞辈,亦稍稍和之。而其流行语,则有所谓"中学为体,西学为用"者,张之洞最乐道之,而举国以为至言。⑦

人们一般将张之洞认作"中体西用"说的首倡者。其实,在他之前,这一说法已多次见诸报章。1893年,郑观应的《盛世危言》刊行,其中《西学》篇就说:"中学其本也,西学其末也。主以中学,辅以西学。"1896年8月,孙家鼐在《遵议开办京师大学堂折》中,将"中体西

>>> 进入19世纪90年代,内忧日甚,外患日迫。中西文化在军事、政治、经济等各种领域全面交锋,"洋务"事业进入高峰。人们一般将张之洞认作"中体西用"说的首倡者。图为张之洞在自己奏准开建的京汉铁路列车上。

用"说阐发得更加明白。

1898年5月,张之洞撰成《劝学篇》,其《设学篇》称:

> 新旧兼学,"四书""五经"、中国史事、政书、地图为旧学;西政、西艺、西史为新学,旧学为体,新学为用,不便偏废。

打出"中体西用"旗号的人,各自的目的并不一致,他们对这一思想的理解角度和强调侧面也大相径庭。冯桂芬等早期改良派鼓吹"中体西用",是为了在陈腐、僵化的传统文化的一统天下之中,为新思想的立足打进一个楔子,目的是让"西用"得以在"中体"之中存身。曾国藩、张之洞等洋务派以"中体西用"为理论纲领,本意却是以"西用"捍卫"中体"。康有为、梁启超等维新派对"中体西用"也表示兴趣,那是由于他们机敏地将这一现成口号服务于自己的变法活动。

概而言之,"中体西用"说为古老的中华文明吸纳西方文明的营养,创造了一种在当时的历史条件下所可能的模式。我们今天有充分理由来论证"中体西用"的浅薄,但正是在它的庇护之下,近代文化才得以排除顽固势力的重重阻挠,插足于传统文化的世袭领地,并不以人们意志为转移地对"中体""中学"给予影响,促进其变化。

从学理分析,"中体西用"说自有其不可克服的内在矛盾,最根本的在于它袭用了传统的"体""用"范畴,却抛弃了体用相关、"体用不二"这些符合事物本来规律的古典认识论精华。文化本体与功能属性、物质文化与精神文化、器用与制度本来就是不可分割的浑然整体。"中体西用"说却将它们机械地割裂开来,然后随意拼搭,貌似全面、公允,实则似是而非。因此,从"中体西用"说问世之日起,就不断受到尖锐责难。甲午战争中方惨败,为这种责难提供了依据。王韬认为,只

>>> "中体西用"论自有其不可克服的内在矛盾,最根本的在于它袭用了传统的"体""用"范畴,却抛弃了体用相关、"体用不二"这些符合事物本来规律的古典认识论精华。从"中体西用"说问世之日起,就不断受到尖锐责难。甲午战争中方惨败,为这种责难提供了依据。图为甲午海战中英勇还击的清朝官兵群像。

学习"西学"的坚船利炮,"仅袭皮毛,而即嚣然自以为足""终不能一旦骤臻于自强"⑧。钟天纬说:"欲挽回大局,岂仅在船坚炮利区区末艺之间,则小小补苴,仍无补存亡之大计,必须破除积习,大为更张。"⑨诚哉斯言!

第五节

从"维新"到"革命"

梁启超曾将近代中国学习西方文化的进程分为三期:"第一期,先从器物上感觉不足";"第二期,是从制度上感觉不足";"第三期,便是从文化根本上感觉不足"。[⑩]从林则徐、魏源到曾国藩、张之洞,是第一期的代表。从第一期过渡到第二期,关键在甲午一役,"和日本打了一个败仗下来,国内有心人,真像睡梦中着了一个霹雳。因想道,堂堂中国为什么衰败到这田地?都为的是政制不良"[⑪]。这图谋改革不良政制的"国内有心人",便是以康有为为代表的维新派和以孙中山为代表的革命派。

"维新"与"革命",都是中国典籍中古已有之的语汇。《诗经·大雅·文王》称"周虽旧邦,其命维新",说的是周朝虽然历史长久,但到文王时期,变旧法,行新政,又呈新国气象。《易·革卦》称:"天地革而四时成,汤武革命顺乎天而应乎人。"说的是天地变化而形成四季,商汤、周武王革故鼎新,顺乎天命而合于人心。在中国近代历史上,人们将主张对君主专制制度实行改良、推行君主立宪的政治力量称为"维新派",而将主张彻底推翻专制,建立民主共和国的政治力量称为"革命派"。这两派都要求在制度文明层面上学习西方,但在方式、手段上存在分歧,前者温和,后者激烈。

维新派领袖康有为(1850—1927)生长在最早接触西方资本主义文化的广东。他早年接受严格的正统教育,成年后对旧学"渐厌之,日有新思",又游历香港,见资本主义制度的一些优越性。他鄙弃烦琐的汉学和程朱理学,喜好陆王心学,尤其在师从廖平之后,更拳拳服膺儒家今文经学。西方资本主义的社会政治学说和自然科学,中国今文经学,是康有为思想的两大支柱。

1895年5月,清政府与日本签订丧权辱国的《马关条约》,消息传来,正在北京参加会试的康有为召集各省举人一千三百余人于松筠庵集会,联名上书光绪帝,慷慨陈词,力主拒绝和议,恳请"下诏鼓天下之气,迁都定天下之本,练兵强天下之势,变法成天下之治"⑫。此举冲破清政府严禁士人干政的禁令,在朝野上下引起强烈震动,上书虽被都察院拒绝,但其内容却在全国广泛流传。变法维新运动由此发端。

在戊戌变法运动和新文化的启蒙浪潮中,康有为的学生梁启超(1873—1929)占有特殊地位。康有为的名字及其变法思想理论在知识阶层中广泛传诵,与梁启超卓有成效的宣传、鼓动分不开。"戊戌前,南海已蜚声海内,实任公文章之力也。"⑬

维新派中思想最激进者,当推谭嗣同(1865—1898)。他以"冲决网罗"的大无畏精神,批评"二千年来之政,秦政也,皆大盗也,二千年来之学,荀学也,皆乡愿也",又揭露纲常伦理"不唯关其口,使不敢昌言,乃并锢其心,使不敢涉想。……三纲之慑人,足以破其胆,而杀其灵魂,有如此矣"⑭,成为晚清思想界的一颗"彗星"。

作为一场政治变革,维新派发动的戊戌变法是短命的。康有为、

>>> 在戊戌变法运动和新文化的启蒙浪潮中,康有为的学生梁启超占有特殊地位。维新派中思想最激进者,当推谭嗣同,他是晚清思想界的一颗"彗星"。图为"戊戌六君子"遇难的情形。

梁启超、谭嗣同等人将成功的希望寄托在一个傀儡皇帝身上,幻想通过"合法"手段,自上而下推行改革,结果在顽固守旧势力的突然袭击下,措手不及,迅速失败。但是,作为一场文化启蒙运动,维新派在戊戌年代的所作所为,产生了深刻而又久远的影响。这方面成就最高者,是康有为推崇的"中国西学第一者"严复。

严复(1854—1921)一生最重要的文化贡献,是翻译、介绍、宣传近代科学形态的生物进化论,并把它运用于社会历史领域。"宇宙有至大公例,曰万化皆渐而无顿。"⑮严复译述的《天演论》,深刻启发了跨越新旧世纪之交的整整一代热血青年。"自严氏之书出,而物竞天择之理,厘然当于人心,而中国民气为之一变。"一部译作,竟然能够产生如此强烈的社会效应,实在是历史的奇观。

戊戌变法昙花一现,谭嗣同的头颅证明了改良的此路不通。进入 20 世纪,中国大地上如火如荼的义和团烈焰,带着中世纪的野性猛烈燃烧年余光景,在给予西方殖民强盗以严正警告之后,悲惨地熄灭了。清政府公开亮出"量中华物力,结与国之欢心"的卖身契,心甘情愿当起列强的儿皇帝。刚刚跨入新世纪的中国,风雨如晦。但是,启蒙时代播下的思想种子却在人们心中滋生,在新世纪的雨露滋润下,不可遏制地生长起来。当亡命海外的康有为不识时务地依旧在保皇、复辟的死胡同里踯躅徘徊的时候,一大批热血青年迅速离开他,走向孙中山。时代思潮的主旋律,开始由温和的"维新"转换为激越的"革命"。

1905 年 8 月,孙中山(1866—1925)为首的兴中会联合华兴会、光复会,在日本东京成立全国性革命政党——中国同盟会,提出"驱除鞑虏,恢复中华,建立民国,平均地权"的革命纲领,在思想文化战线也做了大量工作。他们创办多种报刊,宣传民族主义、民主主义,鼓舞人民对外反对帝国主义对中华民族的殖民掠夺,对内反对清朝统治集团的民族歧视和民族压迫政策,呼吁扫除专制政体,建立自由独立的"中华共和国"。

孙中山在肯定现时中华文明从总体上落后于西方文明的前提下,指出中华文明传统也有许多积极的方面,"持中国近代之文明以比欧美,在物质方面不逮固甚远,其在心性方面,虽不如彼者亦多,而能与彼颉颃者正不少,即胜彼者,亦间有之"⑯。如《大学》所称"修身、齐家、治国、平天下","这样精微开展的理论,无论外国什么政治哲学家都没有见到,都没有说出,这就是我们政治哲学的知识中独有的宝贝"⑰。而西方资本主义文明也有它的阴暗方面,如财富过于集中,贫富不均,道德沦丧,社会动乱不已。所以他提出中国不能一味仿效西方的变革之路,而应将政治革命和社会革命"毕其功于一役"。

孙中山贡献给中华民族的最宝贵的文化财富,是他提出的"三民主义"。这个凝结了他毕生心血的思想结晶,贯彻了取中西文化之精华而"融贯之"的宗旨,诚如他说:

> 余之谋中国革命,其所持主义,有因袭吾国固有之思想者,有规抚欧洲之学说事迹者,有吾所独见而创获者。……一民族主义。……二民权主义。……三民生主义。⑱

民族主义反对列强侵略,主张各民族平等,承认民族自决权;民权主义打倒君主专制,倡行民主政治,立法、司法、行政、考试、监察五权分立;民生主义实行耕者有其用,节制私人资本。

>>> 孙中山为首的兴中会联合华兴会、光复会,在日本东京成立全国性革命政党中国同盟会,提出"驱除鞑虏,恢复中华,建立民国,平均地权"的革命纲领,在思想文化战线也做了大量工作。孙中山贡献给中华民族的最宝贵的文化财富,是他提出的"三民主义"。图为1912年1月1日,中华民国临时政府在南京成立,孙中山就任临时大总统。

第六节
习俗转化

社会风俗发生显著变化,是在新旧世纪交替之际的一个较大时段徐徐展开着,这本身正表征中华文明的转型。19世纪中叶以降,近代工业、商业、交通业的渐次发展,开始为中国人提供改变生活方式的物质基础。在长江中下游及东南沿海等得风气之先的地区,人们的衣、食、住、行、乐均发生着变化,社会风尚因而也随之异动。以上海使用电灯和自来水为例即可见时尚变迁之一斑。19世纪80年代初,当英、美等先进工业国刚开始出现发电设备时,上海立即效法。1882年,电灯在租界出现;1892年工部局建发电厂,街灯成为市政的一项重要建设,以后,上海绅商也"装设电灯以惠行游"。自来水则先于1881年在租界安设,渐次推广到市民中来。电灯、自来水初出现时,上海市民曾十分恐惧,担心用电会"遭雷殛",因而"人心汹汹",后来则非常欢迎电灯,称其"赛月亮""颇便行人";开始,市民"谓(自来)水有毒质,饮之有毒,相戒不用",后来则"遍装水管,饮濯称便"。这就从一个侧面表明,当现代物质文明渗入中国人生活之后,必将引起风尚的变更。除物质生活进步造成习俗之变以外,历次政治革新运动和革命

>>> 在长江中下游及东南沿海等得风气之先的地区,人们的衣、食、住、行、乐均发生着变化,社会风尚因而也随之异动,以上海使用电灯和自来水为例即可见时尚变迁之一斑。图为当时的人们正在使用自来水。

运动也起了移风易俗作用。例如,作为近代改变陋习突出事项的"戒缠足",本来早在嘉庆、道光间即有李汝珍在《镜花缘》中、俞正燮在《癸巳类稿》中尖锐抨击缠足之论,却并无明显社会效果。到了戊戌变法前后,康有为、梁启超等大声疾呼戒缠足,成立"不缠足会"。康有为上《请禁妇女缠足折》,梁启超在《新民丛报》著文鼓吹天足,林琴南作《小脚妇女诗三首》力陈缠足之苦,梁启超等人还条拟《试办不缠足会简单章程》制定戒缠足的具体实施办法。经过这些宣传、组织工作,戒缠足渐成风尚,戊戌前是少数人的觉悟,戊戌后是普遍觉醒。

戊戌变法前后,还成立了戒鸦片会、蒙学公会、医学善会等五十多个学会,旨在"累合千万之群",以使风俗更新的"成就尤速,转移尤巨"。维新运动作为政治运动是夭折了,但其移风易俗之功,却垂之永久,遗泽后世。

以孙中山为首的革命派在变更陋俗方面,是维新派的直接继承人。

还在辛亥革命的准备阶段,革命派就十分重视移风易俗的宣传、鼓动。在他们主办的刊物上,《剪辫易服说》《家庭革命说》《婚姻改良论》《奴婢废止论》之类的文章俯拾即是。各种以改良社会风俗为宗旨的团体也纷纷建立。革命爆发后,这类团体更如雨后春笋,竞相破土,如社会改良会、天足会、女子进德会、禁烟联合会、体育会、尚武会,等等。不少革命派人士,身体力行,为民作则。秋瑾(1875—1907)冲破封建家庭的羁绊,负笈东渡;蔡元培续弦,公开提出"男女两方意见不合可以离婚";吴玉章(1878—1966)顶住舆论压力,不为女儿缠足,开当地风气之先。革命派还试图运用行政立法手段革除社会陋习。1906年制定的《同盟会宣言》就提出扫除"风俗之害"是实行军法之治

>>> 革命爆发后,以改良社会风俗为宗旨的团体更如雨后春笋,竞相破土。不少革命派人士,身体力行,为民作则。秋瑾冲破封建家庭的羁绊,负笈东渡。图为秋瑾在日本留影。

的重要任务之一。南京临时政府成立之后,立即颁布一系列法令、文告,禁娼、禁烟、禁赌、剪辫、放足、废止清官厅称呼。

辛亥革命还革除了男人头上的辫子。满族入主中原,以"留头不留发,留发不留头"的血腥政策强迫人们接受满族发式,剃发留辫。因此,辫子便不仅是个发式问题,而成了民族耻辱的标志。清廷被推翻,"无数的汉人,都兴高采烈地剪这条奴隶标志的辫子。也有迷信的,事先选择吉日,祭祖先,然后庄重地剪除,把辫子烧了。更有联合多人同日剪辫,并放爆竹,举行公宴来庆祝的"。辛亥革命以后,留辫子已为时尚不容,"不剪发不算革命,并且也不算时髦,走不进衙门去说话,走不进学堂读书"。

辛亥革命后革除了妇女缠足的陋习。妇女缠足之习,相传起于五代。南唐后主李煜(937—970)宫中有一宫嫔,名叫窅娘,美貌善舞。李煜命其在六尺高的玉饰金莲上跳舞。她将足弯作新月形,用缯帛缠绕,舞步婆娑,更显妩媚。在"宫中好细腰,民女多饿死"的时代,缠足之风浸淫下移,到南宋时,便已普及城乡。此陋习摧残妇女身体,约束妇女行动,戕害妇女的自主精神,祸延千年。辛亥革命将妇女的裹脚布抛进历史的垃圾箱。"社会上很自然地一致认定,民国纪元以后生下的女儿,一概不裹脚""已经裹小的也放大"⑲。妇女解放,由此迈出一步。

礼节、称谓也发生显著改变。在平等思想影响下,叩头、相揖等旧式礼节被鞠躬礼取代,"大人""老爷"等称呼也改为"先生""君"。日常用语增添了许多新词汇,有人诙谐地用当时流行的新名词撰成《新国民小传》:

>>> 辛亥革命还革除了男人头上的辫子。清入主中原,以"留头不留发,留发不留头"的血腥政策强迫人们接受满族发式,剃发留辫。辫子便不仅是个发式问题,而成了民族耻辱的标志。清廷被推翻,无数的汉人,都兴高采烈地剪这条奴隶标志的辫子。

> 有一个新国民,戴一项自由帽,穿一套文明装,着一双进步靴,走过了交通路,来到了模范街,踏进了公益会,说几句义务话……⑳

随着清王朝的垮台,体现等级的官爵命服、袍褂补服、翎顶朝珠,一律废止。式样活泼、色彩绚丽的新式服装流行起来。"适于卫生,便于动作,宜于经济,壮于观瞻"㉑的西服也开始被人们接受。尤其值得一提的是,孙中山创制并带头穿着的立领、四袋式男式上装,辛亥以后,广为流行。这种庄重大方而又颇具中国气派的"中山服",直到今天,仍被认为是标准的中国男式礼服。

社会积习具有强大的历史惰性,不可能被一次政治风暴扫荡干净。加之领导辛亥革命的中国资产阶级本身在认识和行动上的种种缺陷,他们倡导的移风易俗文化活动并没有取得决定性的胜利,其影响范围多在城市,对广大农村则成效甚微。鲁迅小说《风波》中赵七爷头顶那盘了又放、放了又盘,却始终不肯剪去的辫子,正是这场不彻底的移风易俗运动留下的又粗又长的"尾巴"。

第七节

"德、赛两先生"

辛亥革命将专制君主从金銮宝殿推翻,政权却落入袁世凯手中。革命党人为挽救辛亥革命的成果不懈苦斗,"二次革命""护国运动"均无成效,"护法运动"又为西南军阀做嫁衣裳。

打倒一个昏聩的皇朝,却换来一个黑暗的民国。先进的中国人认识到,仅有政治制度层面的变革还不够,文化的觉醒、思想的启蒙,是民族振兴的关键。由此发端,新文化运动勃然而兴。

1915年9月,陈独秀(1879—1942)在上海创办《青年》杂志,从第二卷开始改为《新青年》。1916年迁至北京出版。它的问世,标志着新文化运动的崛起。

《新青年》以尖锐、泼辣的思想和自由、生动的文风引起社会的关注和巨大反响,也招致卫道士的仇视和围攻。什么破坏孔教、破坏礼法、破坏国粹、破坏贞节等罪名倾泻而来。《新青年》毫不退缩,陈独秀在《〈新青年〉罪案之答辩书》中赞颂"德先生"——民主、赛先生——科学,这正是新文化运动的两大主题。用民主取代专制,用科学扫荡迷信,新文化运动在众多的领域内掀起了思想解放的浪涛。

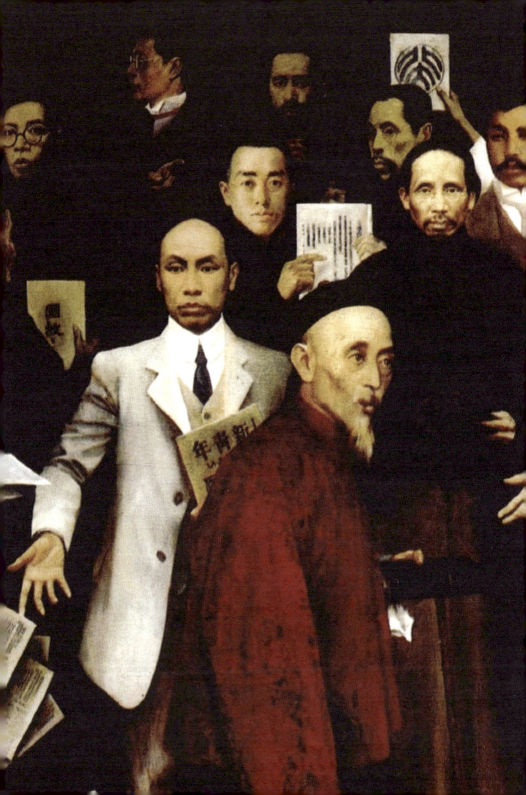

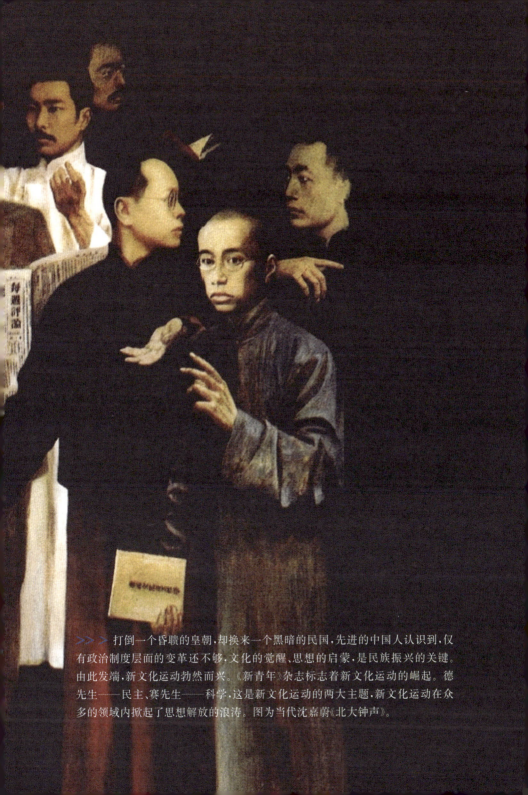

>>> 打倒一个昏聩的皇朝,却换来一个黑暗的民国,先进的中国人认识到,仅有政治制度层面的变革还不够,文化的觉醒、思想的启蒙,是民族振兴的关键。由此发端,新文化运动勃然而兴。《新青年》杂志标志着新文化运动的崛起。德先生——民主、赛先生——科学,这是新文化运动的两大主题,新文化运动在众多的领域内掀起了思想解放的浪涛。图为当代沈嘉蔚《北大钟声》。

胡适(1891—1962)等人以白话文取代文言文的"文学改良",是新文化运动的重要实绩。新文化战士的锋芒还指向戕害人们精神的纲常名教。鲁迅(1881—1936)借"狂人"之口,道出惊世骇俗之言:

> 我翻开历史一查,这历史没有年代,歪歪斜斜的每叶上都写着"仁义道德"几个字。我横竖睡不着,仔细看了半夜,才从字缝里看出字来,满本都写着两个字是"吃人"。②

吴虞(1872—1949)与鲁迅呼应,猛烈抨击礼教"吃人"。所谓"天戴其苍,地履其黄,纵有千古,横有八荒;前途似海,来日方长。美哉我少年中国,与天不老;壮哉我少年中国,与国无疆!"㉔。

承继着传统,又改铸着传统的中华文明,如五彩凤凰,正在现代生活的烈焰里飞腾、超升!

注释：

① 《林则徐集·奏稿》中册,第 649 页。

② 见梁启超:《西学书目录》。

③ 严复:《致熊纯如书》,《学衡》第 12 期。

④ 冯桂芬:《校邠庐抗议》。

⑤ 薛福成:《筹洋刍议·变法》。

⑥ 王韬:《弢园尺牍》。

⑦ 《清代学术概论》。

⑧ 王韬:《变法》上。

⑨ 《刖足集·外篇》。

⑩⑪ 《五十年中国进化概论》。

⑫ 康有为:《公车上书》

⑬ 王照:《复江翊云兼谢丁文江书》。

⑭ 《谭嗣同全集》。

⑮ 严复:《政治讲义》。

⑯ 《孙中山全集》第 6 卷,第 180 页。

⑰ 《孙中山全集》第 9 卷,第 247 页。

⑱ 《孙中山全集》第 7 卷,第 60 页。

⑲ 《辛亥革命回忆录》(一),第 68 页。

⑳ 《时报》1912 年 12 月 21 日,附刊第 107 号。

㉑ 《孙中山全集》第 2 卷,第 62 页。

㉒ 《狂人日记》。

㉓ 李大钊:《自然的伦理观与孔子》。

㉔ 梁启超:《少年中国说》。